KB077448

중국인의
오브제

답삿길에서 옛사람들의 눈과 마음을 읽는다

중국인의
오브제

답삿길에서
옛사람들의
눈과 마음을 읽는다

성균관대학교
출판부

2019년 여름, 지인 몇이 중국 답사를 추진해 달라고 부탁하는 바람에 급히 일정을 짜고 답사자료집을 만들었다. 여름방학 끝 무렵이라 더위에 지친 심신도 쉬게 하라며, 울산대 대학원 박사과정 제자들에게도 답사 참가를 권하여 몇이 함께하게 되었다. 제자들 가운데 중국 답사가 처음인 사람도 있어서 자료집에 중국의 유적, 유물을 소개하는 이미지 중심의 짧은 글을 추가로 열두 토막 실었다. 여행 중에 보충 강의하기도 마땅치 않고, 저녁 시간에는 기차로 이동하는 일정도 여러 차례여서 대안으로 삼은 게 그래픽-다큐 스타일로 덧붙인 답사 부록 강의였다.

답사를 마치고 돌아와 내친김에 중국의 유적, 유물을 소개하는 단상이랄까, 짧은 글을 잇달아 여러 편 썼다. 10월 중간고사 기간에도 답사가 예정되어 자료집 2차 부록으로 덧붙일 글이기도 했다. 10월

답사는 무산되었지만, 틈날 때마다 꾸역꾸역 쓰다 보니 무려 50꼭지가 되었다. 교양서 겸 참고자료로 삼을 수 있는 책으로 엮어 출간해도 되겠다 싶었다. 이 책은 이렇게 시작되었다.

중국을 여행하는 이들은 많다. 다들 경력이 쌓이면서 블로그에 여행기를 싣기도 하고, 길고 짧은 글을 지인과 공유하기도 한다. 여행지 사진과 설명을 포스트-잇 한 것도 있지만, 중국인의 의식주에 대한 관찰과 감상도 있다. 중국의 역사문화에 대한 지식을 바탕에 깔고 엮어낸, 제법 묵직한 풍경기도 있다. 그러나 박물관의 유물, 유적이나 역사적인 장소에서 접하는 장구한 역사 이면에 대한 탐색기는 쉽게 찾아보기 어렵다. 어쩌면 이 책은 그런 빈자리에 눈길을 두고, 주제별 풀어쓰기를 시도한 드문 결과물이라고 할 수 있다.

떠오르는 대로 두서없이 썼던 50꼭지의 글을 몇 덩어리로 나누어 묶어 보기로 했다. 일상이면 일상, 유행이면 유행, 종교면 종교 식으로 묶을 수 있는 꼭지들이 제법 여럿 있었다. 묶어낸 꼭지 덩어리는 크기가 일정치 않았지만, 추가로 새 글을 더하지는 않았다. 글 쓰는 감이 달라지면 전체를 다시 손봐야 할까 걱정이 되었던 까닭이다. 처음 쓰던 당시의 느낌을 그대로 살리는 것이 좋겠다는 생각도 있었다.

책으로 묶으면서 가능하면 사진을 많이 넣으려고 했다. 처음 중국에 갔던 때가 1991년 4월, 한국과 중국이 공식 수교하기 전이다. 그때부터 2020년 1월까지 세월로는 30년 동안 중국, 일본, 유럽, 미주를 다니며 찍었던 중국의 유적과 유물 사진을 뒤지면서 추억에 젖기도 했다. 처음에는 서툴기 그지없어 사진 찍는 이의 그림자도 어리고 유적, 유물의 정면이 제대로 잡히지도 않다가 세월이 흐르면서 제법 방향과 각도에 감을 잡고 서터를 누른 순간도 있었음을 확인하니 절로 미소가 나왔다. 어쩌면 이 책이 내가 그간 걸었던 길, 나의 한 시대를 정리한 것일 수도 있겠다는 생각도 들었다.

넓고 깊은 중국의 시대와 지역을 가리지 않고 다니며 찍은 사진을 찾아내 조합하면서도 간단한 메모만 더했을 뿐, 전문적인 설명을 덧붙이지는 않았다. 전문 편집자의 시각에서는 시대별, 지역별 사진에 역사문화 배경을 설명하는 글이 따라붙어야 읽기도 편하고 설득력도 지닐 것으로 판단하겠지만, 답사든 여행이든 박물관의 유물을 만나거나 유적지를 방문한 이들 가운데 시대와 출토지, 명칭을 기록한 라벨이나 설명 패널에 눈길을 주는 이들이 얼마나 될지 의심스러워서다. 필자도 특별한 관심이 없으면 풍경과 이미지를 눈에 담으며 음미하는 정도로 그친다. 어쩌면 대다수가 그런 식의 접근에 더 익숙하지 않을까? 차라리 이미지와 직접 만나기만 하는 게 더 좋을 수도 있다는 생각마저 들었다. 그래도 결국은 이 책의 꼭지들을 연구 자료로 삼을 이들도 있겠다 싶어 각주를 달았다!

2019년 여름은 여느 때보다 더웠다. 한마디로 혹서였다. 답사 기간을 제외하고 초가을까지 내내 글쓰기에 매달렸다. 이틀에 한 번 정도 아들과 호수공원을 산책하거나, 서울 종로에 있는 서예학원에 다녀오는 것이 나들이의 전부였다. 삼시 세끼 집에 붙어 있던 아버지를 참아준 아들 혜준에게 감사한다. 이틀에 한 번 아침마다 보이스-톡으로 아버지의 건강을 묻고 말동무를 해준 딸 혜전에게도 고맙다는 말을 전한다. 하늘나라로 삶터를 옮겼지만, 아내 장연희는 여전히 나의 귀한 동반자이자 오랜 후원자이다. 아내에게 감사한다. 여러 해 중국 답사를 함께해온 지인과 학문의 동지들, 제자들에게도 이 자리를 빌려 감사의 마음을 전한다. 기꺼이 출판에 응해준 출판사에도 감사한다.

2020년 초
겨울 중국 답사를 다녀온 뒤
일산 호수공원 곁 서재에서

전호태

차
례

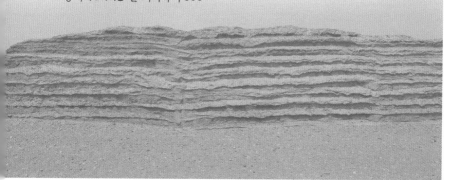

一 . 종교

1

천문 天門

나는 새의 깃털도 빠뜨리는 약수弱水를 건너야
이를 수 있다는 서쪽 끝 꿈의 땅 곤륜!
늙지도 죽지도 않는다는 이 영원의 세계에서
사랑을 나누는 남녀는 누구인가?

① 입맞춤, 한(漢) 석관 화상 탁본, 사천 형경 고성지 출토, 중경 삼협박물관

문이 살짝 열렸다. 살그머니 바깥을 내다보는 여인. 문을 지키는 두 마리의 봉황. 오른쪽에는 정좌한 서왕모西王母, 왼쪽에는 마주 앉아 두 손을 맞잡고 입을 맞추는 남녀. 여긴 어딘가? 서왕모가 있으니 불사不死의 세계, 곤륜선계崑崙仙界임이 틀림없다.[1] 아닌가? 나는 새의 깃털도 빠뜨리는 약수弱水를 건너야 이를 수 있다는 서쪽 끝 꿈의 땅 곤륜! 늙지도 죽지도 않는다는 이 영원의 세계에서 사랑을 나누는 남녀는 누구인가?

여인은 문을 열고 나오는 건가, 잠시 내다보다가 다시 들어가려는 건가? 곤륜선계는 저 문 안인가, 바깥인가? 한 쌍의 봉황이 지키는 이 문 안으로 들어올 이는 누구인가? 누가 이곳으로 오고 있는가? 오늘 이 문 앞에 이를 이는 지금 어디 있는가? 그는 학을 타고 오는가, 용을 타고 오는가? 산 아래까지는 어찌어찌 오더라도 붉은 사당 열매 없이는 새도 건너지 못한다는 약수는 또 어찌 지날 것인가?

곤륜은 호리병처럼 생긴 산 위에 있다.[2] 가운데는 좁고 위는 넓다. 제법 경륜이 쌓인 등반가도 기어올라서는 위로 오르기 어렵다. 거꾸로 매달려 올라야 하는 길이 너무 멀다. 산 둘레를 감싼 약수는 넓고 깊으며 이 강을 건네줄 뱃사공도 없다. 눈을 씻고 위아래로 다

②

③

④

중국의 유적이나 유물에 묘사된 문은
살짝 열려 있는 경우가 더 많다.
비록 그림 속에서지만 영혼이 들어올 문은
열려 있어야 된다고 생각했기 때문일까?

시 보아도 조용히 흐르는 검은 강 위로 옅은 연무만 서려 있을 뿐, 인기척은 어디에도 없다. 그래도 사람들은 곤륜에 이를 길을 찾는다. 어떻게든 그곳에 가기를 원한다.

그런데, 곤륜의 입구에 웬 문인가? 산 위로 올라서면 고랭지 채소밭처럼 넓은 대지가 펼쳐져 있어야 하는 게 아닌가? 깎아지른 듯한 절벽 위에 올라섰는데도 곤륜으로 가는 길을 다시 찾아 멀고 먼 길 떠나야 하는가? 아니면, 산 위로 올라서자, 바로 몇 걸음 앞에 궐문이 있고, 그 너머로 서왕모가 머무는 궁궐 누대樓臺가 높이 솟아 있다는 것인가?

한漢 화상석과 북중국 16국시대 화상전 무덤에 빠짐없이 등장하는 장면 가운데 하나는 '문'이다. 무덤 입구에 설치된 진짜 돌문도 있지만, 화상석이나 화상전에 묘사된 가상의 문도 있다. 잘 보면 무덤 입구의 실제 문과 달리 그림 속의 문은 늘 열려 있다. 물론 활짝 열린 상태는 아니다. 하지만 한쪽이 살짝 열려 누군가가 그 안으로 들어갈 수도 있음을 잘 보여주게 묘사된 사례가 많다.

고대의 전통적이고 보편적인 사고에서 죽은 자의 영혼은 원형의 세계, 사람이 나왔던 바로 그곳으로 되돌아간다. 그곳은 큰 강 너머 땅 끝 어딘가에 있다. 중원에서 문명을 일군 중국인에게 땅 끝은 동쪽의 태산泰山이거나, 서쪽의 곤륜산 어딘가이다.

사람이 사는 세상에 대한 인식이 넓어지면서 죽은 뒤 가는 이상적인 세계의 하나로 떠오른 곳이 세상의 서쪽 끝에 있다는 곤륜산이다. 이곳의 지배자는 사람을 벌주고 살리기도 하는 서왕모다.[3] 그러나 아무나 서왕모의 곤륜세계에 이르지는 못한다. 이 신비한 공간은 새를 타고 날아서 들어서기도 어렵다. 한마디로 곤륜의 주인인 서왕모가 받아들이기로 마음먹어야만 이를 수 있다.

서왕모의 곤륜세계로 들어가는 입구에 문이 있다는 기록이나 전설은 없다. 반면 동방 태산의 하늘문을 지키는 문지기 신에 대한 신화는 있다. 언제부터인가 두 이야기가 하나로 묶여 화상석과 화상전에 곤륜 입구의 문이 그려지게 되었음을 남은 작품으로 알 수 있을 뿐이다.

죽은 자라도 천문天門까지 이르는 길은 멀고 험하다. 천문 앞은 온갖 어려움을 겪고 넘어서면서 간신히 이를 수 있는 곳이다. 말 그대로 만만치 않은 여정이라 죽기 전에 준비할 것도 많다. 하지만 결국, 가장 중요한 건 충분한 노잣돈이다. 저승에서의 멀고 먼 여행길을 돕는 사람이며 말, 수레도 돈 없이 마련할 수는 없지 않은가? 노자로 쓸 비용은 저승길 가는 이의 손에 넉넉하게 쥐어주어야 한다.

저승길 노자가 부족하면 한국 바리데기 신화의 주인공 바리데기처럼 가다가 부엌데기라도 하며 돈을 벌어야 한다.[4] 서천西天 서역은 먼 곳이다. 서왕모의 곤륜세계도 멀고, 또 멀다. 죽은 이의 걸음으로는 말할 것도 없고, 날랜 말이 끄는 수레를 타고 간다 해도 몇

년 몇 개월이 걸릴지 모른다. 말발굽, 소발굽이 다 닳고 수레바퀴까지 닳고 닳아 제대로 구르지 못할 지경에 이르는 그 어느 때쯤에야 곤륜을 둘러싼 넓고 깊은 강 약수 앞에 이를지, 강 너머 천문 앞에 이를지 아무도 모른다.

그래서인가? 천문은 늘 한쪽이 열려 있다. 서왕모가 기다리는 짝, 동왕공東王公이 아니라도 문 앞에 이르는 이가 드물기 때문일 것이다. 굳이 길손의 소맷자락을 잡으며 언제, 어디서 출발했는지 묻지 않아도 하루해가 천 번 저물도록 문 앞에 이르는 이는 드문 까닭이다. 천신만고 끝에 문 앞까지 와도 마지막에는 위아래 훑어보며 문 안으로 들일지, 말지를 판단할 문지기 신 육오陸吾와 마주쳐야 한다.[5]

문
-
그
리
움

/

문 앞에서 만나고
문 앞에서 보낸다
문 이쪽과 저쪽에
서로 귀를 대고 한마디, 한마디 정성스레
상대에게 말을 건넨다

문은 닫혀 있어도
마음은 닿아야 한다
작은 틈이라도 있다면, 그리로
들어갈까?
그림자에 붙어 살그머니 들어갔다가
소리 없이 돌아 나올까?

담이 헐려도
문은 그 자리에 있다
여닫는 짧은 순간을 위해
고리 손잡이를 단 채
세월의 먼지를 이겨내며
문은 그 자리에
그대로 있다

나도 문처럼
그 자리에서 그를
기다리고 싶다

2

정
토 淨
土

죽은 뒤, 혼백魂魄은 어디로 가는가?
갈 곳이 있는가
아니면 죽으면 혼백도 사라지고 마는가?
정말 죽은 자에게 노잣돈이 필요한가?

① 대불(大佛), 당(唐, 675년, 상원2년), 하남 낙양 용문석굴 봉선사동

죽은 뒤, 혼백魂魄은 어디로 가는가? 갈 곳이 있는가, 아니면 죽으면 혼백도 사라지고 마는가? 정말 죽은 자에게 노잣돈이 필요한가? 붓다는 그런 것을 묻지도, 그런 질문에 답을 찾으려고도 하지 않았다. 명상과 수련에 들어간 인도 카필라국의 왕자 고다마 싯다르타가 알고자 했던 것은 '인간은 생로병사生老病死라는 생명의 고역을 끝없이 견뎌야 하는가?'였다.

인도 브라만교의 전통적 사고에서 삶은 끊임없이 전생轉生한다. 사람이 다양한 카스트에 속한 존재로 태어나는 것도 이전의 삶에서 쌓은 업業 때문이다. 그러니 현생에서 겪는 부와 기쁨, 차별과 고통은 내게서 비롯된 것이니 그냥 받아들이며 다음 생을 기약해야 한다고 믿었다.

붓다는 이런 반복되는 삶에서 벗어날 길이 있다고 믿고 가르쳤다. 이런 삶은 실재하는 듯해도 허상虛像이라는 것이다. 이것을 깨닫는 순간, 모든 삶은 업과 인연因緣의 굴레에서 벗어난다고 했다. 징글징글한 윤회輪廻의 수레바퀴를 벗어나 실체도, 허상도 없는 새로운 세계, 정토[Nirvana]에서 온전하고 자유롭게 살 수 있다는 것이다.

중국인에게는 너무나 낯설고 이해할 수 없는 새로운 삶, 정토왕

② 불감(佛龕), 북위, 산서 대동 운강석굴
③ 담요(曇曜, 북위, 5세기, 생몰년 미상), 현대 조각, 산서 대동 운강석굴 입구

②

9개국 언어와 문자에 능통했던
쿠차 출신의 승려 구마라즙(鳩摩羅什)은
평생 불경을 번역하여 동아시아 불교 철학의
든든한 받침대를 마련하였고,
승려 담요(曇曜)는 운강석굴 개착의 계기를 마련하고
유명한 담요5굴을 열었으며
북위 태무제에 의한 폐불의 위기를 넘어
다시 불교를 진흥시키는 데에 결정적인 역할을 했다.
두 사람은 후조(後趙) 석륵(石勒)의 존경과 지원을 받으며
하남, 산동 일원에 다수의 사찰을 창건하고
다수의 문도를 양성했던 불도징(佛圖澄)과 함께
불교가 동아시아에 전해지고 자리 잡는 과정에
헌신한 대표적인 인물이라고 할 수 있다.

③

생淨土往生을 말하는 이들이 사막과 초원, 바다를 건너 도시의 성문 안으로 들어왔다. 그들은 세상과의 인연을 끊었음을 보여주기 위해 죄수처럼 머리를 밀었고, 가족과 떨어져 지내며 자기들의 삶을 본뜨라고 권했다.

불교는 호한융합胡漢融合을 꿈꾸던 5호16국시대 북중국의 지배자들에게는 매력적인 종교였다. 승려들은 민족 간 차별을 부정했고, 신분과 지위의 차이가 영원하지 않다고 했다. 도덕·윤리적 삶에 큰

④ 지옥에서 받는 심판과 형벌, 송(宋), 중경 대족(大足) 보정산 석각

가치를 두면서 다음 생을 위해 이번 생에서 이웃과 잘 지내며 가난한 자를 도우며 살라고 했다. 불교는 내 가족이나 우리 마을만 잘 되기를 빌던 당시의 일반적인 풍조를 넘어서는 넓은 시야를 열어주었다. 민족과 신분 간 차별과 혼란이 비일비재하고 심지어 일상화되었던 5호16국시대 중국의 귀족과 백성들에게 불교는 '희망의 등불'로 여겨졌다.

만일 나와 가족, 일가친척만 잘 먹고 잘 살기 위해 이웃을 속이고 괴롭히면 어떻게 되는가? 그는 죽어서 윤회하는 여섯 세계 가운데 하늘과 사람 세상보다 못한 아수라와 축생, 아귀, 지옥에 떨어져 말할 수 없는 고통 속에서 살 것이다. '제발, 그만!' 하고 소리쳐도 받아야 할 벌은 다 받아야 한다. 톱에 쓸리고 열탕熱湯에 들어가며, 끝없이 펼쳐진 얼음칼 밭을 걸어야 한다. 굶주림에 허덕이고, 끝없이 다투며 때리고 맞아야 한다. 언제까지? 새로운 생으로 넘어가기까지. 그러나 그 새로운 생 또한 어떨지 알 수가 없다.

5호16국시대에 명멸明滅한 왕조의 서울과 크고 작은 도시에는 어디나 절과 탑이 즐비했다.[6] 두 집 건너 한 집이 절이요, 탑이었다. 왕과 귀족, 백성들은 절에 다투어 재산을 내놓고, 승려에게 내세에 더 나은 세상에 태어날 수 있게 해달라는 공덕功德 염불을 부탁했다. 도시 근교의 산야에는 붓다상을 모신 거대한 절이 잇달아 세워졌다. 수많은 승려가 절 주위에 토방土房을 만들어 집으로 삼고 염불 공양을 했다.

선비족 탁발 씨의 나라 북위北魏는 120년가량 계속된 북중국의 5호16국시대에 종지부를 찍은 뒤, 북쪽의 옛 수도 평성[平城, 현재의 산서 대동]에 운강석굴을 개착했고, 남쪽의 새 수도 낙양에 용문석굴을 만들었다. 거대한 바위산이 붓다와 보살, 아라한과 천왕으로 모습을 바꾸었다. 북위시대에 시작된 석굴사원의 개착은 뒤를 이은 왕조들에도 이어져 세계제국으로 성장한 당대唐代에는 가장 아름다운 풍광을 만들어냈다. 여러 차례의 폐불廢佛을 겪고도 돌과 석회, 진흙으로 만든 불상들은 상당수가 제 모습을 잃지 않았다.[7] 언제부턴가 단청丹青 채색彩色이 이루어지지 않아 본래의 화려함은 사라졌으나, 온몸의 힘과 기운을 온전히 짜낸 조각가들의 손끝은 석굴사원 곳곳의 붓다와 보살의 눈매며 손가락 마디에 여전히 생기가 돌게 한다.

정
토

/

예토穢土가 없다면, 정토도 없다
예토와 정토는
서로 기대어 서 있는
다리와 다리 기둥이다

이인삼각처럼
예토와 정토는 한 짝이 되어
온 생명을 아우른다
지옥과 천국이 하나듯이
예토는 정토에 기대고
정토는 예토에 기댄다

처음에 도인道人과 승려는 하나였고
승려와 죄수도 하나였다
세상에 죄지은 자와
정토에 빚진 자가
무엇이 다른가?
세상이 그의 머리를 박박 밀었듯이
정토의 문지기가 승려의 머리를
민둥산으로 만든 것 아닌가?

생
멸 生滅
너
머

/

나고 죽기는 다 하난데
그 너머에는 무엇이 있는가?
봄꽃 피는 날
한 생명 지면
꽃 너머를 말해주려나?

하늘을 다스리는
천왕이라도
피고 지는 꽃보다 못하다면
해진 옷, 긴 수염으로
묻고 답할 게 없구나

이 몸을 던지면
꽃이 피고
그대가 받으면
꽃이 지는가?

하늘의 신도 알지 못하니
생멸 너머를
말할 이 없구나

보살이 비구에게 /

이 미소를
그대가 받기 바라네
주름 사이 살짝 비친
꽃잎 받침에
그대의 눈길이 닿기 바라네
손가락 끝을 촉촉하게 적시는
작은 땀방울이 그대에게는
미묘한 떨림으로 느껴지기 바라네

번개와 함께
불이 왔네
천둥과 함께
바람이 왔네
불과 바람 사이로
속삭임이 왔네

생멸의 길 너머
새 세상이
열리면
조심스러운 첫걸음에
문 너머가 보인다 하네
무심코 한 발
내딛는 순간
길 끝에 닿는다 하네

그대가 받은 미소를
그대 눈길에 담아
불과 바람 사이로

속삭임과 함께
마주 보는 이의
손에 올리게
그도
생멸의 길 너머로
발
내디디라 하시게

3

신 神

악한 기운에 씌워 산 자를 괴롭게 하고
세상을 어지럽히는 걸 귀라 하고
온전하게 제 할일 하고
제가 갈 곳으로 가는 게 신이다

① 홍도여신상(紅陶女神像), 홍산문화(신석기시대), 내몽골박물관

② ③

신석기시대는 여신의 시대이다.

이는 세계적인 현상이고 중국도 예외가 아니다.

청동기시대 이후

남신 중심의 신관(神觀)이 주류를 이루지만,

동물 형상의 신들은 역사시대까지 일부 존재하게 된다.

지역에 따라서는 현대에도 신앙의 대상으로 남아 있다.

중국에서는 한나라 때에도 짐승 머리의 신이

다수 형상화되고 믿어진다.

산동과 산서 지역 화상석의 닭 머리, 소 머리 신이나

호남 장사 마왕퇴1호묘 칠관화 등에 보이는

양 머리 신도 그런 부류에 속한다.

중국인의 전통적 사고에서 한恨을 품고 죽으면 혼백魂魄에 악한 기운이 씌워 귀鬼가 된다. 유럽인과 미국인이 즐겨 쓰는 개념으로는 유령[Ghost]이다. 물론 혼백은 죽어서 하늘이나 조상신의 세계로 돌아가는 맑은 기운을 혼, 시신 곁에 남았다가 시신이 썩어 형체를 잃으면 함께 사라지는 백을 하나로 묶은 말이다. 그러나 일상적으로 사용되는 혼백이라는 말은 개념상 혼魂에 더 가깝다.

귀신, 곧 귀와 신도 마찬가지다. 악한 기운에 씌워 산 자를 괴롭게 하고 세상을 어지럽히는 걸 귀라 하고, 온전하게 제 할일 하고, 제가 갈 곳으로 가는 게 신이다. 그런데 신은 사람의 능력을 넘어서는 일을 하는 존재, 사람과는 다른 차원의 신이한 존재이고, 귀신은 사악한 힘과 능력을 발휘하는 귀를 가리키는 말로 쓰이는 게 일반적이다.

신석기시대의 유적이나 유물로 보아 신석기시대가 끝날 때까지는 혼백, 귀신이 뚜렷이 나누어지지 않았던 게 확실하다. 사람과 짐승의 육신을 벗어난 존재에 선악善惡 이분법이 적용되어 귀와 신, 혼과 백을 나누어 이해하고 상대하려 하는 시기는 청동기시대이다. 아군과 적군, 문명과 야만을 나누며 끊임없는 전쟁으로 이를 확인하려고 애쓰던 시기에 혼백, 귀신을 나누어 이해하려 한 것은 어쩌면 자연스러운 현상이라고 할 수 있다.

중국의 진한秦漢 시기에는 귀와 신의 역할이 분명해져 신은 불사不死의 낙원 선계仙界에 있거나 들어갈 수 있는 자, 귀는 선계 바깥의 훼방꾼으로 나뉜다. 새와 짐승, 물고기 모습의 신들이 정령이나 만병통치의 영약으로 바뀌는 시기도 진한시대이다. 고대의 기이한 내용을 담은 책으로 알려진 『산해경山海經』은 그런 저간의 변화 과정을 극적으로 보여준다. 『산해경』에서는 산과 못, 들과 강의 신이었던 존재들이 사람이 붙잡거나 구하여 먹으면 특별한 능력을 갖추게되는 영약으로 정체가 바뀌어 소개된다.[8]

진한 시기에 짐승이나 새 머리의 신들은 하늘과 땅의 험한 일을 맡아 처리하는 하위신이다. 아니면, 오랜 기간 수련을 한 사람이 선계에 드는 것을 막고, 백성들의 일상생활을 어지럽히는 훼방꾼이다. 물론 『산해경』에서 설명되듯이 아예 효험 있는 약용 동식물로 정체성이 달라지는 경우도 적지 않다.

이 시기에 모습을 갖추기 시작한 도교는 이미 알려지거나 믿음의 대상이 되고 있던 모든 신과 귀, 정령을 신의 계보에 정리해 넣기 시작한다. 빼어난 영웅호걸로 억울하게 죽은 인물들도 신의 일원이 되고, 하늘의 별과 별자리에도 신보神譜의 자리가 하나씩 주어진다. 남조南朝 양梁나라의 도사 도홍경陶弘景이 정리한 『진령위업

도『眞靈位業圖』는 오랜 세월에 걸쳐 진행된 도교 신보의 축약판이다.[9]
『진령위업도』에서 언급된 도교의 신은 800여 명 정도이며 후대 도
교의 가장 인기 있는 신 관우關羽는 여기에 등장하지 않는다.

　후한시대에 중국에 전해져 남북조시대에는 중국 주류 종교의 하
나로 자리 잡는 불교 역시 중국 민간신앙의 신앙대상들을 받아들여
불교 신의 계보에 포함시킨다. 불로불사不老不死를 누리며 곤륜선계
崑崙仙界를 지배하던 서왕모는 도교와 불교 모두에 수용되는 신 가
운데 하나다. 한나라 때부터 남북조시대까지 민간신앙에서 서왕모
가 지니는 위상이 만만치 않았기에 나타난 현상일 것이다. 민간신
앙이 고등종교의 신보에 영향을 끼친 흥미로운 사례가 아닐까?

신
/

딱정벌레가 신이다
사마귀가 신이다
아니라고
손사래 치면서도
지네며 돈벌레 죽이지 말라 한다
구렁이도 제비도 손대지 말라 한다
연못 누런 잉어 잡지 말라 한다

성황당 큰나무
금줄로 둘러 놓고
마을 길 장승바위
비단치마 입히고
애비! 부정 탄다며
가까이 가지 못하게 한다

할아버지, 할머니, 두 분 다 신이 되었단다
아버지와 당숙은
어르신 이름 쓴 종이, 나무틀에 넣고
조심스레 모시라며
애원도 하고, 협박도 한다
그릇에도 신이 있고
종이 인형에도 신이 있단다

오랜 세월
험한 날 보내다가
고향 마을 돌아오니
옛집, 마당 깊숙이 박힌 섬돌 끝은 이끼로 덮인 지 오래다
집안 어디를 둘러봐도

신은 보이지 않는다
이엉도 없고, 뒤뜰도 없으니
신이 있을 곳도 없다

새마을, 새집 싫다고
사람들 떠날 때
성황당 큰 나무 베고
마을 앞 장승바위 언덕에 묻을 때
신도
산 너머, 바다 건너
별 가득한 하늘 어딘가로
자리를 옮겼는가?
자취도 없고, 기별도 없다

새로 올린
관광용 비각이나
관우신 모신 사당
구석진 곳 어디에
신이 버리고 간 허물이라도
남아 있을까?

4

박산로 博山爐

박산博山 형태로 만든 향로는
신선신앙과 관련이 깊다
박산로는 불로불사不老不死를 누리는
신선경神仙境에서 살고 싶은
마음을 담은 도구이다

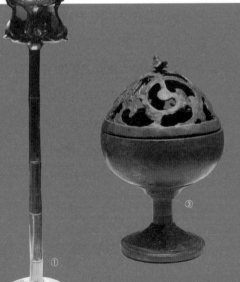

① 전한, 섬서역사박물관
② 낙랑(1세기), 한국 국립중앙박물관
③ 한, 천수시박물관
④ 전한, 양주한묘박물관

박산博山 형태로 만든 향로는 신선신앙과 관련이 깊다. 박산로는 중국의 전한前漢 시기에 대거 만들어지기 시작해 남북조시대를 거쳐 당나라 때까지 크게 유행했다. 박산로는 불로불사不老不死를 누리는 신선경神仙境에서 살고 싶은 마음을 담은 도구이다. 당나라 이후 근대까지도 박산 형태의 향로나 연적硯滴은 지속적으로 만들어져 사용되었다.

박산은 신선이 산다는 선계이다. 봉래蓬萊, 영주瀛州, 방장方丈으로 불리는 삼신산三神山의 모습을 흉내 냈다고도 하나[10] 기원은 확실치 않다. 중국 동방의 태산, 서방의 곤륜산도 신선경으로 일컬어졌고, 오악五嶽으로 불리던 중국의 영험한 산들도 골짝 어딘가에 신선경이 있다는 전설이 있으니, 박산은 그런 산들의 이미지가 중첩되어 만들어진 것일 수 있다.

신선경은 불로불사를 가능하게 하는 신이영초神芝靈草가 가득한 곳이고 상서로운 새와 짐승으로 채워진 곳이다. 신선경에 사는 사람은 저절로 불로불사不老不死의 신선이 되니, 신이영초를 먹거리로 삼기 때문이다. 박산도 신선

④

이 사는 세계다. 그러니 박산에는 기이한 꽃과 풀, 신기한 새와 짐 승이 가득하기 마련이다. 실제 박산의 표현은 다양하지만, 산의 능 선과 골짜기는 예외 없이 신이영초, 상금서수翔禽瑞獸로 장식된다.

초기의 박산로 표현은 소박하기 그지없다. 중첩된 산줄기들이 향로의 뚜껑에 장식되고 받침은 둥근 정도다. 기둥으로는 봉황을, 바닥에는 거북을 묘사한 새로운 형태의 박산로는 단순한 형태의 박 산로를 뒤이어 나타난다. 물론 이런 구성을 보여주는 박산로의 거 북은 동해 삼신산을 받치던 거대한 우주적 존재요, 봉황은 상서로 움을 나타내는 신성한 새로 하늘의 뜻을 보여주는 생명체이다. 거 북과 봉황이 등장하는 박산로의 박산은 땅과 하늘에 가득한 상서로 운 기운에 둘러싸인 세계인 셈이다.

후한後漢 시기에 박산로의 문양은 복잡해지고 기둥과 받침, 뚜껑

⑤ 한, 남경시박물관 ⑥ 수, 섬서성고고연구원

위 장식도 화려해진다. 바닥에서 위로 용솟음치는 용이 기둥에 서리거나 기둥이 되고, 봉황은 뚜껑 위로 올라가 보는 이에게 박산이 신선경임을 깨우쳐준다.[11] 박산 안에는 기화요초며 상금서수를 가능한 한 많이 나타내고, 때에 따라 신선이 노닐며 쉬는 모습, 선계의 음악이 연주되는 화려한 전각殿閣까지 더해진다. 향이 담기는 향로 받침에도 강과 바다의 다양한 생명체를 장식해 뚜껑에 묘사된 것과 대응되게 한다.

박산로가 더 크고 화려하게 만들어지는 것은 삼국·위진시대의 뒤를 잇는 남북조시대이다. 도교가 크게 유행하자 신선세계에서의 삶이 더 구체적으로 그려지고 사람들 사이에서 더 적극적으로 소망되면서 나타난 현상이다. 남북조시대에 만들어진 크고 화려한 박산로는 도교 도관의 재초齋醮에서 제의용 향로로 쓰였을 수 있다. 한국 삼국시대 백제에서 사용되었던 대형 용봉대향로龍鳳大香爐도 중국 남북조와 교류하면서 알게 된 도교 의식의 영향을 받아 만들어졌을 가능성이 크다.

당나라 시대에도 박산로는 만들어지지만, 앞 시대만큼 복잡하고 화려한 장식을 자랑하는 것은 등장하지 않는다. 한때 도교가 국교의 지위에 오름에도 불구하고 민간과 귀족 세계에서 불교신앙이 주류적 위치에 오르면서 나타난 현상이 아닐지 모르겠다. 불교의식에서도 향로는 사용되지만, 신선신앙을 형상화한 박산로는 쓰이지 않았을 것인 까닭이다.

박
산
博山

꿈틀거릴 때마다
풀이 돋고, 샘이 솟는다
사슴과 호랑이가 나온다
바위와 나무가 돋고
꿩과 매가 나온다

가만히 있다가
한 번씩
몸을 뒤틀면
금과 옥이 맺히고
솔잎이 쑥쑥
부챗살처럼 뻗는다
주먹보다 큰 대추가 주렁주렁
달린다

안에
생명이
있다
만물이 씨앗에 숨어 나올
때를 기다린다

겉은
흙과 바위
안은 부드럽고 따뜻한
동굴

5

석굴사원 石窟寺院

중국에는 불교의 전파 경로를 따라
만들어진 석굴사원이 많다
초기의 석굴사원들은 돈황을 시작으로
좁고 긴 하서주랑河西柱廊의 군사도시들을 따라
점점이 늘어섰다

불교는 남쪽에서는 바다를 건너고 북쪽에서는 초원을, 서쪽에서는 사막을 건너 중국으로 들어왔다. 한나라 사람들에게 불교의 붓다는 영험한 신의 하나였다. 새롭게 틀 잡아가는 도교의 한 신으로 여겨지기도 했다. 붓다를 좇는 보살이 있고, 붓다를 찬미하는 천인天人이 있다고 했지만, 그런 존재는 한나라 사람들이 믿던 서왕모의 권속과 그리 다르지 않았다.

한나라 사람들이 듣기에 북쪽 초원의 사람들과 서쪽 사막 너머 이민족들은 붓다를 본뜬 금인金人을 세워두고 그 앞에서 절한다고 했다.[12] 향香도 피운단다. 붓다라는 신은 죽은 자들이 가는 세상에 있으면서, 이 세상에서도 죽은 뒤의 세상으로 잘 가는 방법을 가르친다고 했다.

중국의 한인漢人에게 낯설었던 것은 붓다를 믿고 받든다는 이들이 세상과는 거리를 둔 고립된 공동체를 만들고 산다는 사실이었다. 사막과 설산雪山 너머 서역에서 온 불교 승려들은 도시 한가운데 사원을 세우고 지내기도 했지만, 도시의 바깥 외진 곳에 토굴을 파고 그 안에 붓다상을 안치한 뒤 주변에 삶터를 마련해 지내는 걸 더 좋아했다. 이들은 가정을 이루지도 않았고, 머리도 죄수처럼 깎

②

③

앉았다. 긴 두루마기 같은 천 자락을 몸에 감싼 채 오로지 염불念佛 수행과 명상瞑想에만 몰두하려 애썼다. 한인들의 눈에 불교 승려들은 괴이하기 그지없는 자들이었다. 그런 자들이 믿는 종교, 불교가 중국에 들어와 자리 잡기 시작한 것이다.

중국에는 불교의 전파 경로를 따라 만들어진 석굴사원이 많다. 초기의 석굴사원들은 돈황을 시작으로 좁고 긴 하서주랑河西柱廊의 군사도시들을 따라 점점이 늘어섰다. 중국의 영토이기도 하고, 아니기도 했던 타클라마칸 사막 남북 교통로의 오아시스 도시국가 주변에도 크고 작은 석굴사원들이 띄엄띄엄 놓여 있다. 5호16국시대 이전부터 개착이 이루어진 쿰트라 석굴이나 9~10세기 위구르제국시대에 전성기를 누린 베제크릭 석굴은 오아시스 도시국가 지역에 조성된 대표적인 석굴사원이다.

후한시대에 중국에 알려진 불교는 삼국 및 위진시대를 이은 분열기, 5호16국시대에 북중국 곳곳에 전해지고 자리 잡게 된다. 석굴사원이 차례로 들어서는 지역과 개착 연대 역시 이 과정을 잘 보여준다. 유명한 돈황 막고굴莫古窟은 5호16국시대 초입에 만들어지기 시작하여 천불동千佛洞으로 불릴 정도로 많은 굴이 뚫린다. 막고굴을 장식한 벽화들은 각각의 석굴을 개착한 왕조의 사회 분위기나 예술적 사조를 잘 보여준다. 감숙 난주의 병령사炳靈寺 석굴과 천수 맥적산麥積山 석굴도 초기 불교 석굴사원의 하나로 전성기는 남북조시대이다.

④

⑤

왕조가 난립했던 5호16국시대가 북위에 의해 마감되고, 남조와 북조가 병립하는 남북조시대가 본격적으로 펼쳐지면서 중국 내륙 여러 곳에서 석굴사원이 개착된다. 대표적인 것이 북위 전기의 서울이던 평성(현재의 산서 대동)에 개착된 운강석굴, 후기의 수도이던 하남 낙양에 개착된 용문석굴이다. 두 석굴사원에는 북위 멸망 이후에도 뒤를 이은 왕조의 적극적인 후원에 힘입어 대형 석불이 잇달아 들어선다. 운강석굴이나 용문석굴, 공현석굴 등은 수천의 승려가 거주하는 대규모 수행 공간이기도 했으므로 지역 경제의 중심으로 기능하기도 했다.

남북조시대에는 운강석굴과 용문석굴 외에도 산서 태원의 천룡산天龍山 석굴을 비롯하여 산서, 하남, 산동 등 중국의 화북 지역에 다수의 석굴사원이 만들어진다. 북주北周 무제를 시작으로 당唐 무종에 이르기까지 대규모 불교 탄압이 네 차례나 이루어지지만,[13] 중국 내 대부분의 석굴사원에서는 근대의 명청明清시대까지 석굴이 지속적으로 개착되었다. 사천四川 지역에서는 하남, 산동에서 석굴사원 개착이 뜸해지던 송대宋代에도 석굴사원이 다수 개착되어 지역 주민의 불교 신앙처로 자리 잡는다. 이때 만들어진 대규모 석불과 석각이 유명한 낙산洛山 대불과 대족산大足山 석각군이다.

④ 병령사 석굴 대불 원경, 감숙 난주
⑤ 운강석굴 19굴 대불 근경, 산서 대동

석
불
사

본
존
불 /

정토가 여기라고
석가의 영산靈山이 이곳에서 온전히 드러났다고
가슴 안으로 들어온 말에
'옴…'으로 답했다

어루만지며 다듬어 부드러운 살결 된
손바닥에
전생前生 부모의 얼굴을 올리며
정토왕생을 허락해 달라고
간절히 비는 마음에
'옴…'으로 답했다

당신의 눈빛에
내 입술이 닿았다며
이생에서 잠자듯이 떠남이
기다리는 답이라는
온전한 소망에
'옴…'으로 답했다

석
가
모
니
붓
다
/

그는 왕자이자 걸인이었다
한량이자 요기Yogi였다
손바닥 위에
온 세상을 올리려 했다
고운 손으로 큰 바다 나간 배의
노를 잡으려 했다

그는 호랑이 잡으려 숲 깊이
들어가 호랑이 먹이가
되었다
흰 코끼리 등에서
아귀의 입을 보고
나찰의 등을 보았다
원숭이 떼 살리려
절벽 사이를 이으려다
떨어져 바닥에 떨어진 다리가
되었다

살리려다 죽고
죽어서 다시 났다
걸인으로 났다가
왕자로 다시 났다
한량으로 놀다가
요기로 다시 났다

오백 번이나 나고 죽어
마지막
한 걸음으로

생멸의 길을
지났다
모든 것이 되었다가
어떤 것에서도
벗어났다
그는 오백한 번 태어나
세상 바깥으로
나갔다

6

우주역사 力士

그림 속의 역사는
땅 위 세계까지 온통 받쳐 들고 있지만
별달리 고통스러운 표정을 짓지는 않는다
땅 위 세계를 온통 짊어지는 그의 괴력은
도대체 어디서 나오는 걸까?

역사, ① 당, 서안비림박물관

그리스신화의 아틀라스는 대신大神 제우스로부터 하늘을 떠받드는 벌을 받은 거인이다. 지구를 받쳐 든 거인의 모습은 이 이야기를 형상화한 것이니 본래의 신화와는 거리가 있는 셈이다. 중국의 고서古書『열자列子』「탕문湯問」편에는 우강禺彊이라는 북해北海의 신이 등장한다. 거인 공공共工이 불의 신 축융祝融과의 싸움에서 진 뒤, 화풀이로 부주지산不周之山을 들이받아 하늘을 받치던 기둥을 부러뜨리자 황제黃帝가 우강에게 명령하여 한쪽이 기운 하늘을 바로 세우라고 했다. 우강은 동해에서 거대한 자라 열다섯 마리를 붙잡아 부러진 우주 기둥 대신 하늘을 받치게 했다고 한다. 우강을 하늘을 받치는 역사力士로 이해하게 된 것은 이 이야기로 말미암는다.

중국 호남성 장사 마왕퇴1호묘 출토 전한시대 백화帛畫에 묘사된 역사는 거대한 괴어怪魚를 발판으로 삼아 머리 위의 세계를 떠받들고 있다. 그림 속의 역사는 땅 위 세계까지 온통 받쳐 들고 있지만, 별달리 고통스러운 표정을 짓지는 않는다. 역사의 얼굴과 몸은 커다랗게 묘사되었으나, 팔다리는 가늘게 그려졌다. 땅 위 세계를 온통 짊어지는 그의 괴력은 도대체 어디서 나오는 걸까?

중국의 남북조시대 회화와 조소 작품에는 하늘이나 땅 위 세계

② 북위, 대동시박물관 ③ 북위, 명당유지진열관

②

③

서안비림박물관의 역사(力士)는 붓다의 세계를 묘사한
불교조각물의 일부였던 것으로 보인다.
북위시대 돌로 만든 관상의 하부 장식으로 묘사된 역사는
입을 벌린 괴수의 송곳니를 붙잡고 있어
마치 괴수가 계속 입을 크게 벌리고 있게 하려는 듯 보인다.
명당유지진열관의 돌 관상 장식 역사는 차림새로 보아
천왕과 같은 등급의 하늘세계 인물에 가깝다.

를 받쳐 드는 거인 역사들이 대기 등장한다. 역사들은 무덤주인이 몸을 뉜 관대棺臺의 기둥이 되어 관상棺床을 받쳐 들기도 하고, 어둠을 밝히는 등잔대를 받치고 있기도 하다. 작건 크건 무게감을 갖추고 있다거나 받쳐 들 만한 가치가 있다고 여기는 기물器物에는 이런 역사가 등장하여 기둥 역할을 한다.

언젠가부터 기우杞憂라는 말이 '쓸데없는 걱정'으로 이해되지만, 선사·고대의 세계에서는 하늘이 무너지는 것도 땅이 꺼지는 것도 주요한 관심사요, 걱정거리였다.[14] 실제 지진은 땅이 갈라지고 꺼지는 현상이요, 천둥과 번개 속에 몇 날 며칠 내리는 비는 하늘 어딘가에 구멍이 나, 하늘의 물이 쏟아지는 것 아닌가? 신화전설에서처럼 거인 공공과 같은 이가 또 나타나 하늘 받치는 기둥을 부러뜨리면 어찌할 것인가? 용백국龍伯國의 거인이 그랬듯이 바다에 낚시를 드리워 선산仙山 받치는 거대한 거북을 낚아 올려 구워 먹는 바람에 오신산五神山 가운데 두 신산, 대여岱輿와 원교圓嶠가 북극으로 흘러가 큰 바다 속으로 가라앉는 경천동지驚天動地할 사건이 재발하면 또 어쩔 것인가?

거대한 세계를 받치고 있는 우주적 역사는 불교가 동아시아로 전해지면서 보다 구체적으로 인식되고 묘사되었을 수 있다. 중앙

54

아시아 불교사원이나 동아시아의 붓다 세계는 아래에서 온 힘을 다해 받쳐 드는 우주 역사에 의해 지탱되는 것처럼 묘사되는 경우가 적지 않기 때문이다. 남북조시대 불교예술이나 장의葬儀미술에서 호법사자護法獅子가 외래적 존재이듯이 우주 역사 역시 조형적 이미지와 관념이 중국에 새롭게 전해졌을 가능성이 크다.

전한시대 백화帛畵의 우강은 중국 미술에서 가장 이른 시기에 모습을 보이는 우주 역사이다. 하지만 그려지는 방식이나 표현상의 특징으로 보아 남북조시대 미술에 등장하는 우주 역사와는 구별된다. 중국 신화전설 속의 우주 역사는 한족을 비롯한 동아시아인의 형상인 것과 달리 남북조시대 미술의 거인은 심목고비深目高鼻의 서역인西域人 모습이기 때문이다.

역사
力士

아쉬울 땐 쳐다보지만
그냥, 일회용이다
보통 사람과 다르다며
떠나 있으란다
천하대장군과 지하여장군처럼
나무나 돌 장승이 되어
마을 입구를 지키란다
마주 보지 말고
무서운 표정으로 멀리 보란다
사람이 아닌 듯이
허공에 대고
인상만 쓰고 있으란다

생명이 있어도
느낌이 와도
날이 더워졌다 추워져도
숨결이 거칠어져도
참으란다! 아닌 듯이
이를 앙다물고 하늘을
받쳐 들란다
지평선 너머를 보고
있으란다
바다 건너 작은 조각구름에
눈을 두고
있으란다

금강
역사
/

그렇소. 난 당신이 어지러운
마음을 추스르라고 하는 게 아니오
그렇소. 그대가 얼기설기 주머니 여럿
달고 어정거리며 서 있으라는 게 아니오

그렇소. 내 눈치 보며
설지 말지 모르는 듯 비틀거리지 말라는 것이오
그렇소. 내 주먹과 발길질이 두려워
되돌아서지 말라는 것이오
그렇소. 눈과 눈, 마음과 마음
서로에게 깊이 닿는 것을 만나면
그냥 받으라는 것이오

그렇소. 그대가 보듯이
입에서 나오는 소리는
가슴에서 올라오고
눈빛으로 말하는 미소는
마음에 담겨 있던
여래의 뜻이라오

그렇소. 나도 그대처럼
걸치고 덮고
걸고 단 것이
산을 덮고 바다를 메웠다오. 이 자리에 서기 전
난 가난한 왕, 배부른 거지여서
아귀처럼 먹으면서 배고팠고
금과 옥으로 온몸을 덮으려 눈을 부릅떴다오

그렇소. 그대는 평안을 보시오
내 몸에는 군더더기가 없소
그대는 고요와 침묵을 보시오
내 팔과 다리는 붙박인 듯 서 있으나
기운은 온 몸을 돌고, 지혜는 깊은 물처럼 한자리에 있소

그렇소. 나는
주먹질, 발길질도 않고
이 자리에 이대로 천 년을, 다시 천 년을
언제고 올 그대를 다시 맞으려
또 천 년을 서 있을 거요

그렇소. 그대가
내 곁에 나처럼 서
짝을 이루기까지 열 번의 천 년을
기다리더라도 지금처럼 서 있을 거요

7

얼 [顔]
굴

제사용 그릇에는 크던, 작던 늘 얼굴이 등장한다
따라서 제사를 지내는 이는 누가 희생을 받는지 안다
그릇 바깥에 뚜렷이 드러낸 얼굴의 주인공이
희생을 받는 게 확실하다면
희생의 효과도 확실하다고 보아야 할 것이다

① 인면장식 토기 저부, 묘저구문화(신석기시대), 섬서성고고연구원

②

③

④

② 인면어문(人面魚紋)토기, 앙소문화(신석기시대), 국가박물관
③ 인면장식부착토기, 기원전 4000년~기원전 2000년, 프랑스 기메미술관
④ 인면토기, 묘저구문화(신석기시대), 섬서성고고연구원

구석기시대의 인류는 곰과 사자 같은 동물 외에 '손'과 같은 몸의 특정 부분도 숭배했다. 인도부터 유럽까지 상당한 수의 구석기 동굴미술 지역에서는 손 찍기(핸드-프린팅Hand-printing)의 흔적이 다수 확인된다. 손 숭배의 흔적이다. 지금도 호주의 원주민[Aborigine]은 북부의 성소 카카두Kakadu에 정기적으로 모여 핸드-프린팅을 한다. 물론 그들의 선조가 지녔던 것과 같은 외경심을 마음에 담고 프린팅하는지는 알 수 없다.

'손으로 할 수 있는 일이 이렇게 많다니, 우리의 손은 짐승들과는 구별되는 특별한 것이구나. 아마 신도 우리와 만물을 이런 손으로 빚었겠지. 신은 우리 손에도 특별한 힘과 기술을 붙여 준 게 틀림없어.' 아마 구석기시대의 인류는 이렇게 중얼거리며 동굴 안쪽에 손자국을 남겼는지도 모른다.

신석기시대에도 핸드-프린팅은 계속된다. 터키의 차탈회위크 Çatalhöyük를 비롯한 신석기 마을의 집안 성소 벽에는 핸드-프린팅 흔적이 다수 남아 있다. 주목되는 것은 주로 어린 여성의 오른손 모양이 작품으로 남겨졌다는 사실이다. 신석기시대의 주된 신앙대상이 하늘 여신, 풍요로운 수확의 여신, 동물의 주인 여신, 죽음의 여신과 같은 여신들이었음을 고려하면 핸드-프린팅으로 남겨진 어린 여성의 손 역시 여신이나 여신의 사자使者를 나타냈을 수 있다.[15]

신석기시대 이후, 손과 함께 신앙의 대상이 되는 신체의 특정 부분은 눈이다. 중근동과 인도의 신석기 및 청동기시대 유적에서 자주 발견되는 새로운 신앙대상은 둥그렇게 뜬 두 눈을 신상으로 빚은 것이다. 때로 위아래 겹이 져 네 개의 눈으로 나타내기도 하지만, 일반적으로 확인되는 것은 두 눈이다.

이스라엘 구약성경 중의 기도문에 등장하는 "눈동자 같이 지키시며"라는 구절은 신성한 '눈'에 대한 오랜 신앙과 관련이 있을 것이다.[16] 터키에서는 지금도 푸른 빛 터키석으로 장식한 신령스러운 '눈' 부적이 인기 있는 액세서리 가운데 하나이다. 물론 단순한 액세서리가 아니다. '눈'은 말 그대로 사악한 존재의 접근을 막는 부적이다.

손과 눈에 이어 등장하는 신앙의 대상이 얼굴이다. 얼굴도 신석기시대부터는 중요한 신앙의 대상이다. 곰과 같은 짐승의 머리를 신앙의 대상으로 삼아 경배하는 관습은 구석기시대 유적에서도 확인된다. 그러나 사람의 얼굴이 신앙의 대상으로 떠올라 표현되는 사례는 주로 신석기 유물에서 찾아볼 수 있다. 한국의 양양 오산리 신석기 유적에서 수습된 '사람 얼굴 형태 가리비 껍데기'도 사람의 얼굴을 신앙의 대상으로 삼은 전형적인 사례로 이해할 수 있다.

사실 눈과 입, 눈과 코, 입을 나타냈다는 점에서 사람 얼굴 형상이

⑤ 금제 가면, 기원전 1700년~기원전 1100년, 금사유지박물관
⑥ 인면장식 청동정, 상(商), 호남성박물관

⑤

⑥

중국에서 신석기시대에 이미 사람 얼굴에 신성을 부여했음은
감숙과 섬서지역 신석기시대 앙소문화 유적 출토 토기로 확인할 수 있다.
또한 앙소문화의 한 갈래로 볼 수 있는 신석기시대 묘저구문화의 산물인
사람 얼굴 장식 토기로도 알 수 있다.
사천 금사유적 출토 금제 가면은 청동기시대에 이 일대에
사람 얼굴의 신상이 만들어져 숭배되었음을 확인시켜주는데,
금사문화는 인근의 광한 삼성퇴 청동기문화와
연결되어 있었음이 거의 확실하다.

지만 가리비 껍데기나 토기, 청동기에 나타낸 얼굴이 특정한 인물의 얼굴이라고 보기는 어렵다. 그것이 만들어진 시대의 왕이나 귀족, 족장의 얼굴은 아닐 것이다. 신당이나 신사에서 행하는 제의 때에 사용되는 가면처럼 신이라는 존재가 사람의 얼굴로 모습을 드러낸 사례, 아니면 희생되는 대상의 정체를 보여주는 경우로 보아야 할 것이다.

고대사회에서 특정한 신에게 제사 드릴 때, 희생되는 것은 신을 대신할 수 있는 존재이다. 소의 신에게 제사 되는 희생은 소다. 농경사회든 목축사회든 신은 자신을 희생으로 삼고 스스로 재생함으로써 신성을 드러낸다. 희생되는 생명과 희생을 받는 신은 결과적으로 같은 존재인 경우가 많다. 토기나 청동기와 같은 희생의 그릇에 얼굴이 등장하는 것도 결국은 같은 의미를 지닌다.

제사용 그릇에는 크던 작던 늘 얼굴이 등장한다. 따라서 제사를 지내는 이는 누가 희생을 받는지 안다. 그릇 바깥에 뚜렷이 드러낸 얼굴의 주인공이 희생을 받는 게 확실하다면 희생의 효과도 확실하다고 보아야 할 것이다. 비록 사람을 희생시킨다고 하더라도 의미 없는 희생이 아닌 셈이다. 희생된 사람은 신과 하나 됨으로써 희생의 가치를 극대화한다. 그는 자신을 버려 자신이 아끼는 가족과 이웃, 마을을 살리는 것이다. 그러나 그런 희생이 단순한 소망으로만 남는다면 어떻게 될 것인가?

얼굴

/

그가 누구인지 안다
얼굴을 보면
어떤 생각을 하는지 안다
얼굴을 보면
무엇을 하려는지 안다
얼굴을 보면

신은 눈을 감는다
사람을 보지 않으려고
그가 누군지 알지 못하게
눈에 어둠을 덮는다

사람은 눈을 뜬다
신과 마주치지 않으려고
멀리서 보고 피하여 샛길로 돌아가려고
눈에 빛을 담는다

8

골점 骨占

중국 상나라 때 만들어진 갑골의 문장은
점이 신에게 묻고 답을 듣는 과정임을 알게 한다
사람의 일거수일투족이
신의 뜻에 달렸다는 것을 전제로
신에게 일일이 묻는 과정이 점복占卜이다

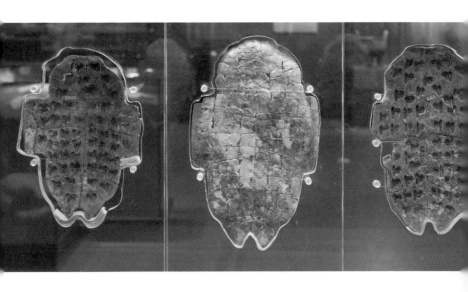

갑골, ① 상, 은허박물관

점은 미래를 예측하기 위해서라고 한다. 어떤 일이 일어날지 미리 알아보고 준비하기 위해 혹은 재액에 어떻게 대비할지 고민하고 실행하기 위해서라고도 한다. 어떤 면에서 이런 정의는 맞기도 하고, 틀리기도 하다.

중국 상나라 때 만들어진 갑골의 문장은 점이 신에게 묻고 답을 듣는 과정임을 알게 한다. 전쟁을 할지, 사냥을 할지, 목장을 만들고 짐승을 기를지, 제사를 지낼지, 어떤 제사를 지내면 하늘이 비를 내리거나 재액을 멈추어줄지 등등. 사람의 일거수일투족이 신의 뜻에 달렸다는 것을 전제로 신에게 일일이 묻는 과정이 점복占卜이다.[17]

다음 계묘일에 불을 놓아 사냥하면 잡을 수 있을까요? 계묘일에 과연 불을 놓아....무소 열한 마리, 돼지 열다섯 마리, 호랑이 □ 마리, 토끼 스무 마리를 잡았다.

임진일에 복을 하고 물었다. 상 지역에 목장을 설치해도 될까요?

갑인일에 복을 하고 물었다. 무조을의 종묘에서 팽 제사를 지내

②

상나라의 갑골은
용골(龍骨)이라는 이름으로
오랜 기간 한약재로 사용되었다.
은허(殷墟)가 있는 안양은
용골이 특히 많이 발견되는 곳이었다.
용골을 갈아 만든 가루는
폐질환 등에 약효가 높다 하여
비교적 높은 가격에 거래되었다.
갑골이 기록물이라는 사실도
한약재로 팔린 갑골에 새겨진 것이
고대의 문자라는 사실을 알게 되면서였다.

③

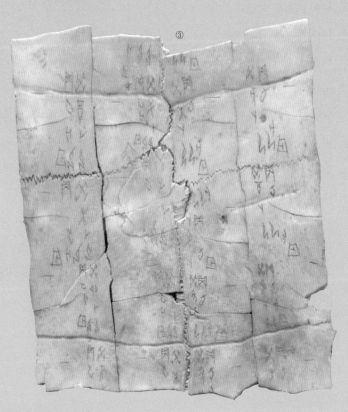

② 상, 프랑스 기메미술관
③ 상, 프랑스 기메미술관
④ 상 무정(武丁)시기(재위 기원전 1250~기원전 1192), 국가박물관
⑤ 상(기원전 1600년), 양주박물관
⑥ 호골(虎骨), 상(기원전 12세기), 캐나다 온타리오미술관
⑦ 갑골갱, 상(기원전 12세기), 안양 은허

려고 하는데 우리에서 키운 소를 바쳐도 괜찮을까요? 이것은 실
행한다.

병오일에 복을 하고 물었다. 하신에게 우리에서 키운 세 마리 양
을 불에 태우고, 우리의 양 세 마리를 물에 빠뜨리고, 우리의 양
한 마리를 저며서 상에 올려 바쳐도 괜찮을까요?

갑골문은 상나라 사람들이 하루에도 몇 차례씩 사람과 짐승을
희생 제물로 삼아 다양한 방식으로 신에게 제사를 올렸음을 알게
한다. 물론 제사에 앞서 반드시 행해지는 것이 뼈로 점을 치는 복잡
한 과정이다. 갑골문은 어떤 내용으로 점쳤는지, 신의 답변이 어땠
는지를 뼈에 기록하여 남은 것이다. 점친 내용은 뼈에 그대로 담겨
있지만, 후세의 사람들은 뼈에 남은 점의 내용을 온전히 읽어내기
어렵다.

뼈로 점을 친 뒤, 신이 내린 답을 읽기까지는 여러 절차를 거쳤
다. 점치는 뼈로는 거북의 배딱지나 소의 어깨뼈가 비교적 자주 사
용되었다. 우선은 뼈에 점치려는 내용에 맞추어 적당한 간격으로
둥근 구멍을 파거나 선을 긋는다. 그렇지 않으면 구울 때, 뼈의 갈
라지는 선이 불규칙적이어서 점친 결과를 읽을 수 없기 때문이다.

절차에 따라 뼈를 불에 구우면 둥근 구멍이나 그은 선을 중심으

로 여러 개의 자잘한 선이 생긴다. 물론 갈라져 생긴 선은 다양한 조합을 이루지만, 어느 정도까지는 규칙성이 있다고 할 수 있다. 뼈에 생긴 선은 왕을 비롯한 골점의 전문가만 읽을 수 있다. 이는 점을 읽는 방법에 대한 전문적이고 오랜 수련의 결과이기도 하다.

왕이나 고위 점복 전문가가 읽은 골점의 내용은 바로 뼈에 문자로 새겨진다. 역사기록으로 남기기 위해서다. 이것이 갑골문이다. 대개 갑골문의 내용은 질문과 답변 정도로 간단한 편이지만, 질문, 답변, 수행 결과까지 시말始未이 모두 기록되는 사례도 적지 않다. 이런 경우 골점을 읽은 뒤 실제 행위를 하고, 골점의 내용대로 하였더니 결과가 좋다는 사실을 뼈에 추가로 새겼다고 할 수 있다.

다만 골점의 문답대로 결과가 나온 뒤 행해지는 감사의 제사가 언제, 어떻게 이루어졌는지는 기록으로 남지 않는다. 상나라 시대의 역사를 복원하는 데에 한계로 작용하는 것이 이 부분이다. 골점의 내용 이외에 기록으로 남는 것은 상대 후기에 청동기에 새겨진 해당 청동기의 유래를 밝히는 짧은 내용 정도이기 때문이다.

골
점

/

버려진 뼈다귀가 아니다
잊힌 역사다
약재가 아니다
기록이다

조심스레 구멍을 파고
성스러운 불에 넣어
신의 말씀을 받았다
왕이 그것을 읽고
하늘에 감사하며
개와 소와 돼지
사람까지 청동 그릇에 담아
신에게 올린 뒤
오래전 신에게 받은 글자를
새겨 넣었다

버려진 뼈다귀가 아니다
땅속 깊은 곳에 고이
모셔졌다가 바깥세상으로 나온 역사다

二 ·
장례

1

옥 玉

옥은 생명의 몸 안에서 상서로운 기운이
돌게 하는 힘을 지녔다고 믿어졌다
석기시대의 가장 귀중한 발견 중 하나가 옥이다

① 옥기 재료, 연대 미상, 금사유지박물관

옥은 생명의 몸 안에서 상서로운 기운이 돌게 하는 힘을 지녔다고 믿어졌다. 석기시대의 가장 귀중한 발견 중 하나가 옥이다. 아이를 귀중히 여기며 정성스레 키웠다는 뜻으로 '금이야, 옥이야' 했다고 한다. 이 말은 옥도 금처럼 귀중하다는 뜻이기도 하다.

옥은 중국에서 신석기 문명이 왕국의 단계로 진입했을 때, 왕의 권위를 나타내는 장신구로 귀중히 여겨졌다. 왕은 옥 장식을 몸에 걸친 신성한 존재였다. 이미 신석기 후기에 옥은 신의 이미지를 드러내는 수단이었다. 고대의 신화전설에서 돌이 옛 신의 뼈로 여겨졌듯이 옥은 돌 중의 돌, 곧 신의 정수가 응고한 것으로 받아들여졌다.

신의 몸에서 나온 돌이니 옥에 신성한 기운, 특별한 능력이 내재하여 있는 것은 당연했다. 옥은 신석기시대부터 적극적으로 가공되어 신과의 소통을 담당하는 기구로 사용되었다. 옥에서 신비한 기운이 흘러나오는 모습이 옥에 돋울 새김으로 새겨지고, 특정한 형태마다 이름이 붙기 시작하는 것도 이때이다.

옥에는 신과 신의 사자의 얼굴도 새겨졌다. 옥으로 만든 기구들은 대단히 소중히 여겨졌으며 별도의 공간에 보관되었다. 옥에서 나오는 기운은 생명을 온전히 하고 심지어 살릴 수도 있다고 여겨

② ③

④

중국의 춘추·전국시대에는 의관(衣冠)에 덧붙인 옥 장식의 형태와 크기로 상대의 신분과 가문의 품격(品格)을 판단하였다. 상주 이래의 유풍이 강했던 지역의 경사대부(卿士大夫)들은 의관의 옥이 서로 부딪혀 쟁강거리는 소리로 가까이 오는 상대가 누구인지 알아차릴 정도였다고 한다. 때문에 사람이 죽으면 죽은 이의 내세 삶과 언제인가는 이루어질 재생의 때를 고려하여 반드시 신분에 걸맞게 옥 장식을 덧붙여 매장했다. 이때 귀족이면 예외 없이 몸에 지니고 갔던 것이 고리 형태의 옥벽(玉璧), 옥황(玉璜) 등이다. 옥에 대해 지나칠 정도로 집착했던 한나라 시기에는 죽은 이를 옥갑으로 싸지는 못하더라도 가면처럼 얼굴 위라도 덮어 순환과 재생의 기운을 받을 수 있게 하려 애썼다. 전한(前漢) 경제(景帝)의 아들로 제후로 봉해진 중산정왕(中山靖王) 유승(劉勝)의 무덤에서 금루옥의가 발견된 것도 이 때문이다. 유승에게 입혀졌던 옥의에는 2798점의 옥 조각이 사용되었는데, 숙련된 장인이 1100g의 금실로 최소 10년 동안 정성스럽게 꿰매 만들었을 것으로 추정되고 있다.[1]

졌으므로, 왕과 귀족이 죽으면 얼굴을 옥으로 덮거나 몸의 기운이 드나드는 곳에 잘 다듬은 옥을 올려 놓았다. 최상품 옥은 작은 나라 하나의 경제력을 다 쏟아 부어도 살 수 없을 정도로 가치 있게 여겨졌다. 때문에 왕공 귀족이라도 상상품 옥은 손에 넣기 어려웠다.

옥이 지닌 순환과 재생의 능력에 대한 믿음은 왕공이나 귀족이 죽은 뒤, 몸을 옥으로 싸게 만들었다. 물론 아무나 금실로 꿴 옥의 [금루옥의金縷玉衣]를 입고 관대 위에 누울 수는 없었다. 가장 값이 비쌌던 중앙아시아 코탄산 옥으로 만든 옥의玉衣는 옥 조각 하나하나를 금실로 이었다. 한나라에서도 제후의 등급에 오른 사람이 아니면 옥의를 입지 못했다.

옥의를 한 벌 만드는 데 제후국 하나의 경제력이 온통 쏟아져 들어가는 일도 빈번했으므로 한나라는 이런 일이 일어나지 못하게 하려고 국가 차원에서 통제했다. 하지만 여의치 않았다. 죽어도 몸이 생전처럼 생생하고 심지어는 되살아날 수도 있다는데, 나라에서 말린다고 옥의를 짜지 않을 제후가 어디 있겠는가? 게다가 유력한 제후들은 죄다 왕실의 종친宗親 아닌가? 황제의 형제나 삼촌들 아닌가?

그러나 실제 옥의는 입혀진 사람에게는 저주가 되었다. 한나라 말기, 사회가 혼란스러워지고 영웅호걸들이 일어나 천하의 패권을 두고 자웅雌雄을 겨루게 되자 군자금이 모자란 일부 호걸들은 한나라 왕공 제후의 능묘陵墓를 파헤치기 시작했다. 죽은 자의 옥의를

② 옥으로 만든 복면(覆面), 전한, 산동성박물관
③ 곡문환(谷紋環), 전국시대, 상해박물관
④ 옥의(玉衣), 전한, 서주박물관

벗겨 팔아 이 돈으로 군사들을 입히고 먹이기 위함이었다. 삼국시대를 연 인물 가운데 하나인 조조曹操는 아예 전문 관청을 두어 한 제후의 무덤을 찾아 파게 했다. 물론 옥의를 얻기 위해서였다.

옥의를 비롯한 옥 제품은 국가 간의 외교관계에도 활용되었다. 한나라는 동방의 부여夫餘를 영향권 내에 남아 있게 하려고 이 나라에 정기적으로 좋은 물건을 보냈다. 부여의 왕이 죽으면 옥갑玉匣을 보냈다.[2] 옥은 지금도 중국인이 가장 좋아하는 귀금속의 하나이다. 일부 중국인은 최상품 옥을 금보다 더 귀중히 여기며 몸에 지니고 다닌다.

금루옥갑 金縷玉匣 /

넌, 갇혔구나
영생, 부활
그게 뭐냐
옥의에 싸인 채
숨도 못 쉬고
금실에 묶인 그대로
누워 있어야 한다

금루도 옥갑도 없어
난, 온몸이 자유롭다
팔다리 다 굽히고 편다

넌, 갇혔구나
영생, 부활
그게 뭐냐
금과 옥에 갇혀
죄인처럼
가만히
있어야 한다

금과 옥 없이도
난, 세상 이 끝에서 저 끝까지
팔다리 움직여 가본다

2

희 생 ^{犧牲}

역사시대의 제의는
내용과 형식이 크게 달라진다
가장 큰 변화는
인신희생人身犧牲이다

사람의 역사는 신의 역사이기도 하다. 선사시대부터 사람은 신을 찾았고 신과의 대화를 시도했다. 신은 여러 모습으로 사람을 찾아 왔다. 곰이나 사자 같은 짐승으로 모습을 바꾸어 사람을 찾아오기 도 했지만, 때로는 나무나 바위로 변하여 사람을 기다리기도 했다. 심지어 눈 덮인 높은 산이 되어 우뚝 서 있거나 깊고 거칠게 흐르는 강이 되어 사람에게 함부로 접근하면 안 된다고 경고하기도 했다.

선사시대의 제의는 짐승을 보내 사람을 먹인 신에게 감사하는 마음으로 짐승의 머리와 뼈를 곱게 모시고 숭배하는 식의 비교적 소박한 형식을 취했다. 그러나 역사시대의 제의는 내용과 형식이 크게 달라진다. 가장 큰 변화는 인신희생人身犧牲이다. 사실 신석기 시대 말미에도 조짐을 보였지만, 극히 제한적이었던 인신희생 제의 가 청동기시대에는 세계 여러 지역에서 보편적으로 행해졌다.

유적 발굴 결과로 볼 때, 중국 청동기시대 인신희생 제의는 상나 라 때에 극성기를 맞은 듯하다.[3] 사람의 두개골이 담긴 청동 예기禮器는 상대에 공개적으로 인신희생 제의가 치러졌음을 알려준다. 상 나라 왕공·귀족의 능묘에서 발견되는 수십 명분의 두개골은 저승세 계의 시중꾼으로 데려가는 무사와 시종, 전쟁 포로의 것이다. 저승

세계의 삶을 위해 신에게 바친 희생제물인 것이다.

상나라의 뒤를 이은 주나라 시대의 유적에서는 전쟁 포로의 것으로 보이는 두개골 무더기가 발견되지 않는다. 주지육림酒池肉林의 지경에 이를 정도로 빈번하게 점복과 제의, 음주를 일삼았던 상나라와 구별되려는 주나라 지도

②

자들의 의지가 인신희생 제의를 위축시켰기 때문일 것이다.[4] 물론 이 시대에도 순장殉葬은 계속된다. 왕공과 귀족의 내세 삶을 지켜주고 떠받들어줄 무사와 남녀 시종은 필요하다고 여긴 까닭이다. 서주西周시대에 이은 춘추·전국시대에도 제후의 무덤에 무사와 남녀 시종, 전차부대와 소, 말, 돼지, 개 등을 대규모로 껴묻는 행위는 자연스럽게 받아들여졌다.

대규모 순장의 관습이 결정적인 전기轉機를 맞는 때는 진한秦漢시대이다. 전국시대 말기 물자와 인력을 최대한 동원하여 적국을 제압해야 했던 제후국들은 순장으로 말미암은 손실조차 가능한 한 줄이려 애썼다. 이런 과정에서 실물이 아닌 대체물로도 내세 삶의 시

② 해골이 담긴 동언(銅甗, 청동시루), 상, 은허박물관
③ 순장 유골이 남아 있는 부호묘(婦好墓) 주실 내부, 상, 은허박물관
④ 도제 인형 병사군단과 마차가 묻혀 있는 병마용 1호갱 전경, 진, 진시황릉 부장갱

중을 받을 수 있다는 인식이 널리 퍼졌다. 중국을 통일한 진시황秦始皇이 자신을 위한 왕릉에 살아 있는 병사와 말이 아닌 도제 인형을 배치하게 한 것도 이런 새로운 인식에서 비롯되었다고 볼 수 있다.

진의 뒤를 이은 한대漢代에는 왕과 제후의 능묘에 소와 말조차 실물 대신 도제 인형을 껴묻는 게 일반화된다. 사람이 순장되는 사례도 크게 줄어든다. 전한前漢을 정치·경제적으로 안정시킨 경제景帝의 양릉陽陵 내부는 실물보다 훨씬 작게 만든 병사들과 남녀 시종, 소, 돼지, 개, 닭으로 가득하다. 순전히 능묘 배장용陪葬用으로 만든 도제 및 목제 인형들은 한나라가 사람과 짐승을 실물로 매장했던 이전과 다른 시대에 접어들었음을 확인시켜준다.

물론 중국에서 왕릉에 남녀 시종을 순장하는 관례가 한대를 경계로 완전히 사라지는 것은 아니다. 전한 경제 시대부터 천오륙백 년 뒤인 명대明代에도 소규모로나마 순장은 계속되기 때문이다. 인식의 전환이 관습의 변화를 끌어내는 데에 얼마나 오랜 시간이 걸리는지 잘 보여준다고 하겠다.

희
생

포로가 되면
사람이 아니다
빚쟁이가 되어도
사람이 아니다
신은
사람이 아니면, 받는다
이전엔 사람이었어도
지금 사람이 아니면
개와 양, 소와 같다

불에 사르고
숯불에 익히는 동안
향을 내는
희생이면
신은 어느 생명이나
받는다

신과 희생이
골점과 제사가
주지육림酒池肉林 잔치 자리에 묻히고

새봄
새싹이 돋는 자리에
뼈와 청동 그릇 대신
진흙으로 구운
사람과 새, 양과 소 모양 그릇 조각만
덩그러니 놓여 있다

3

진 _鎭
묘 _墓

무덤은 죽은 이의 혼이 누릴 저승 삶과 관련된
시종侍從과 각종 물품이 육신과 함께
놓여 있는 곳이어서 훼방꾼이 들어오면 곤란했다
지키는 자가 있어야 했다

① 도제 진묘수, 북위, 국가박물관

사람이 죽어 혼백이 저승으로 가고 나면 남은 육신은 어찌할 것인가? 남은 자들이 시신을 태워 재로 만들면 그것으로 끝난 것 아닌가?

불교가 들어오기 전까지 중국에서는 죽은 이의 육신을 온전히 매장하는 관습이 유지되었다. 혼은 저승으로 가더라도 백魄은 육신 곁에 남아 있으니 풍성한 제사로 백을 기쁘게 하지 않으면 섭섭하게 여긴 백이 산 자에게 해를 끼친다고 믿었던 까닭이다.[5]

중국의 전통적인 사고에서 죽은 이의 육신을 모신 무덤과 혼백에게 제사 지내는 사당은 사악한 존재가 넘보지 못하도록 잘 지켜야 하는 곳이었다. 특히 무덤은 죽은 이의 혼이 누릴 저승 삶과 관련된 시종侍從과 각종 물품이 육신과 함께 놓여 있는 곳이어서 훼방꾼이 들어오면 곤란했다. 지키는 자가 있어야 했다.

독각수獨角獸는 긴 외뿔로 사악한 존재, 잡귀雜鬼들을 물리치는 신비한 짐승으로 무덤 입구 널길을 제 자리로 삼았다. 전국시대까지 초楚나라 영역에서 특히 유행한 것은 가지가 많고 날카

② 채칠(彩漆) 목제진묘수, 전국시대 초(楚, 기원전 5세기 말), 프랑스 기메미술관

로운 두 뿔을 지닌 험악한 얼굴의 진묘수 한 쌍이었다.[6]

한나라 시기 사천 지역에서는 무덤을 지키는 자로 날카롭고 긴 송곳니에 가슴까지 늘어뜨릴 수 있는 기이한 혀를 지닌 신령스러운 사람이나 짐승 형태의 진묘신鎮墓神, 진묘수鎮墓獸가 유행했다. 진묘신은 한 손에는 뱀, 다른 손에는 도끼를 든 모습으로 묘사되는 경우가 많았다.

중국에서 무덤을 지키는 자의 모습은 시대에 따라 변화를 보인다. 한나라 시기에는 독각수 외에도 긴 창을 휘두르는 무사, 청룡과 백호, 주작 등을 무덤칸 돌문에 그려 무덤 안으로 들어오던 사악한 존재가 겁먹게 하려 했다. 위진남북조시대에는 사자獅子와 다른 맹수들을 혼합한 모습의 벽사辟邪라는 짐승을 무덤길에 두고, 갑주甲冑로 무장한 채 창과 칼을 비켜 든 무사들을 무덤칸 문에 그리거나 무덤 널방 안에 두어 잡귀雜鬼의 침입을 막으려 했다. 이 시기에는 사람 얼굴의 진묘수도 여럿 만들어진다. 특히 강남 남조南朝의 황제릉에서는 무덤에 이르는 길인 신도神道에 돌로 만든 거대한 벽사와 천록天鹿 등을 세워 권위를 세우고 사악한 존재의 접근을 막았다.

수·당시대에 무덤을 지키는 자로 널리 유행한 것은 험악한 얼굴

③ 혀를 길게 늘어뜨린 진묘용(鎮墓俑), 후한, 중경중국삼협박물관

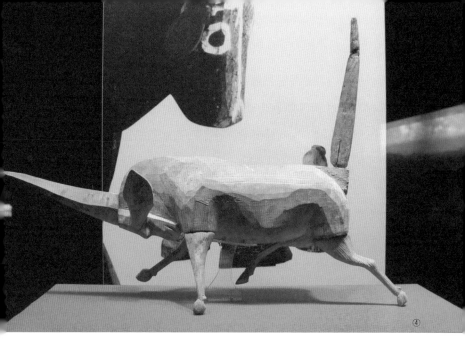

④

⑤　　　　　　⑥　　　　　　⑦　　　　　　⑧

④ 목제 독각수(獨角獸), 전한, 감숙성박물관
⑤ 채색유(彩色釉) 도제 천왕용(天王俑), 당, 상해박물관 ⑥ 채색유 도제 진묘수, 당, 상해박물관 ⑦ 채색유
도제 진묘수, 당, 상해박물관 ⑧ 채색유 도제 천왕용, 당, 상해박물관

에 가지가 많은 뿔처럼 표현된 갈기 솟은 진묘수와 눈이 등잔만 하고 코가 높은 서역계 용병 얼굴의 진묘무사들이다. 당나라 무덤에서는 삼채용三彩俑들이 다수 출토되는데, 진묘수 한 쌍과 진묘무사 둘이 짝을 이루는 경우가 많다. 이들 외에 사람 얼굴에 물고기 몸을 지닌 기이한 형태의 진묘수를 비롯하여 다양한 유형의 무덤 지킴이들이 만들어져 무덤 속에 놓인다.

날카로운 뿔과 긴 송곳니, 날름거리는 붉은 혀로 위협하는 맹수나 창과 칼을 휘두르며 험악한 분위기를 연출하는 천왕天王 모습의 수문장, 신비하고 강력한 기운으로 공간을 압도하는 사신四神이 무덤을 지키려 애쓰지만, 전국시대부터 당대唐代에 이르는 시기에 축조된 수많은 왕릉과 귀족무덤 대다수는 도굴되었다. 진묘수나 진묘무사들의 위협이며 언젠가 있을지도 모르는 사령死靈의 보복보다는 무덤에 묻힌 금은보화가 당장 먹고 살기 힘든 현실을 극복할 수 있게 하고, 나아가 일확천금의 대복大福도 가능하게 하리라는 욕망이 더 컸기 때문일 것이다.

무덤 지킴이

죽은 자를 왜 지키는가?
제 조상에게 돌아간 자 아닌가?
태수도 장군도 옛말이지
살아 있어야 힘쓰는 거 아닌가?

아니오, 그는 살아 있어요
그의 아들과 딸이
그를 빼닮은 자들이
여기
있으라 했어요
송곳니 드러내고 으르렁거리라고
두 눈에 핏발 올리고
뻘건 혓바닥 길게 빼고 긴 뿔 휘두르라고
했어요

거기 누운 건 누군가?
태수, 장군이었던 자가 아닌가?
살아서 호령했지만
지금은 죽은 자 아닌가?
이건 그냥 옛 몸 아닌가?

아니오, 백이 그와 함께 있고
저승길 떠난 혼이 보고 있어요
북망산천 멀고 먼 곳에서도 두 눈 부릅뜨고
제 몸 온전한지
잡귀가 틈타지 않는지
남은 자들이 사당에 제물 잘 올리는지
보고 있어요

벽
사

/

한 얼굴에 표정도 같은데
들어가려면, 함께 막아선다

쌍둥이가 서로를 거울로 삼듯
좌우는 바뀌어도 위아래는 같다며
서로를 밀어내려 안간힘을 쓰면서도
들어가려면, 막아선다

흐르는 땀으로 흙을 적시고
거친 숨소리로 허공을 채운다
두 눈에는 핏발이 섰다
마주 잡고 으르렁거리며
꿈적 않는 둘 사이에
켜켜이 쌓이는
세월

4

혼병 魂瓶

한, 삼국, 위진 시기 중국의 강남 지역에서는
귀족의 무덤에 혼병 혹은 퇴소관堆塑罐이라 불리는
장식 항아리를 넣는 풍습이 있었다
혼병에는 망자亡者가 먹을 곡식을 넣었다
혼이 저승길에 먹을 양식이다

혼병 ① 홍도(紅陶, 불상), 삼국시대 오(吳), 남경시박물관

사람이 죽으면 어디로 갈까? 고금동서에 보편적으로 확인되는 관념 중 하나가 죽은 자의 혼이 안식을 누릴 곳까지 멀고도 먼 길을 떠난다는 것이다. 공간적 거리에 별로 구애받지 않는 혼도 죽은 자의 세상까지는 노잣돈 쓰며 가야 하는 길이니, 산 사람으로는 발 내디딜 엄두도 내기 어렵다.

중국에는 장례 때 종이돈을 여러 뭉치 마련해두었다가 태우는 풍습이 있다. 망자亡者의 혼이 저승길 가는 노잣돈으로 쓰라는 것이다. 고대에는 동전 장식이 있는 벽돌로 무덤을 쌓기도 했는데, 이 역시 용도는 저승길 노잣돈이다. 물론 이 돈으로 땅의 신[토지신]에게 무덤 쓰는 값도 내야 한다.

중국에서 장례 때에 종이돈이나 동전 장식 벽돌을 쓰기 전에는 실물 동전이나 금전, 은전을 무덤 안에 넣었다. 중국 한나라 화상석에 묘사된 여러 대의 마차 행렬 역시 혼이 갈 저세상으로의 여행길을 나타낸 것이다. 귀족으로 살다가 죽어 저승길에 데리고 갈 권속이 여럿이라면 노잣돈 또한 풍부해야 하니, 금전이며 은전을 무덤 안에 넣어두는 것이다.

한, 삼국, 위진 시기 중국의 강남 지역에서는 귀족의 무덤에 혼

병 혹은 퇴소관堆塑罐이라 불리는 장식 항아리를 넣는 풍습이 있었
다. 혼병 가운데에는 고급스럽게 청자로 구워낸 것도 여럿 있었는
데, 아래는 항아리고 위는 누각과 사람, 여러 종류의 동물로 장식되
는 게 일반적이었다.[7] 남북조 시기에도 혼병은 계속 만들어졌다.
수·당을 거쳐 송대宋代에 이르면 강남 지역에서는 무덤 안에 혼병
을 넣는 관습이 유행한다.

혼병에는 망자亡者가 먹을 곡식을 넣었다. 혼이 저승길에 먹을 양
식이다.[8] 혼병이 만들어지기 오래전 춘추·전국시대의 중국에서는
망자의 무덤에 곡식 주머니인 오곡낭五穀囊을 넣어 죽은 이의 저승길
양식으로 삼았다. 무덤에 오곡낭을 넣은 게 장례의 예속으로 중요시
되었음은 공자孔子가 노나라의 통치자 애공哀公이 부친상을 당했음
에도 오곡낭을 마련하지 않았다며 나무라는 데서도 잘 알 수 있다.[9]

② 청자, 서진, 국가박물관
③ 청자(청유퇴소누각인물관靑釉堆塑樓閣人物罐), 서진, 상해박물관
④ 청자, 서진, 국가박물관

혼병이 오곡낭 부장 관습에서 비롯된 명기明器임은 혼병이 혼정魂亭, 혼백병魂魄瓶, 상장관喪葬罐으로 불리기도 했지만, 곡창관穀倉罐, 분미관墳米罐으로 일컬어지기도 한 데서 잘 드러난다. 망자의 혼을 위한 곡식 항아리로 만들어졌음에도 혼병에 덧붙은 장식은 망자의 혼이 닿으려는 곳이 반드시 조상신이 사는 세상만은 아님을 짐작하게 한다.

위진남북조시대 강남에서 발견되는 혼병 가운데에는 누각 앞을 포함해 항아리의 배 부분에 불상佛像이 장식된 경우도 적지 않다. 망자의 혼이 가기를 원한 곳 가운데 불교의 낙원인 정토淨土도 포함되어 있었음을 알 수 있다. 물론 혼병의 장식만으로는 그 정토가 어떤 붓다의 정토인지는 알기 어렵다. 정토의 삶도 어떻게 상정되었는지 명확치 않다. 심지어 죽은 자와 일족이 불교의 하늘세계와 정토를 구별했는지도 불분명하다.

어떤 면에서는 정토나 조상신들이 산다는 저세상이나 망자와 그 일족에게는 거기서 거기다. 생전처럼 호의호식好衣好食할 수 있다면 그것으로 충분하지 않은가? 살아서 누린 것보다 더 좋은 삶이 보장된다면 그건 더할 나위 없이 좋은 일이다. 비록 불교의 붓다와 보살상이 여럿 덧붙여졌다 하더라도 혼병을 만들고 받아서 묻던 사람들에게는 혼병에 장식되고 묘사된 세상은 처음 오곡낭이 무덤에 함께 묻히던 그때와 크게 다르지 않았을 가능성이 크다.

혼
병

/

옛적, 호랑이 담배 먹던 시절
조롱박 안에
세상이 들어있던 때
인디언 추장이 담배 피며
제 조상 만나고
천둥 신이 부싯돌 때려
번개를 일으키던 그때

혼은 하늘길 가다가 말고 되돌아와
병 안에 그득한 곡식 먹고
기운 차려
말수레 몰더니
또 배고파
병 안에 들어오고
또 배고파
병 안에 들어오고

서천 서역 머나먼 길도
가다가 돌아오고
가다가 돌아오고
병 안에 그득한 곡식
다함없으니
가다가 돌아오고
가다가 돌아오고

5

명 明
당 堂

최고의 입지에는 사람의 흔적이 짙게 남는다
처음에는 물과 식량을 구하기 좋은 자리가 선택되었다
구석기시대의 바위 그늘이나 동굴 입구가 그런 곳이다
사냥과 채집으로 살면서
맹수의 위협을 피하기 좋은 곳이 명당이었다

① 영고릉(永固陵, 文明太后陵), 북위, 산서 대동 방산

최고의 입지에는 사람의 흔적이 짙게 남는다. 처음에는 물과 식량을 구하기 좋은 자리가 선택되었다. 구석기시대의 바위 그늘이나 동굴 입구가 그런 곳이다. 사냥과 채집으로 살면서 맹수의 위협을 피하기 좋은 곳이 명당이었다.

신석기시대 전기의 바닷가, 강변도 명당이었다. 사실 살면서 사냥보다는 채집이 쉽다. 구석기시대와 달리 집이 서고 마을이 꾸려지는 신석기 사회에서 우선시된 것은 물이다. 일상생활에 필요한 물을 구하기 쉬운 곳이 강변과 강이 흘러드는 바다 근처 아닌가? 게다가 그런 곳에 살면 강과 바다의 생명체들을 채집하기도 쉽다.

신석기시대 후기에는 집과 마을이 강과 바다에서 멀어져 구릉의 기슭으로 올라간다. 명당의 조건이 바뀌었기 때문이다. 사람이 무리 지어 살기 시작하자 일정한 공간 안에 존재하는 자원의 사용권을 둘러싸고 무리 사이에 싸움이 붙은 것이다. 뺏고 빼앗기고, 심지어 붙잡아다 일꾼으로 부려 먹는 일도 생겼다. 그러자 집들은 다닥다닥 붙고 마을 둘레에는 목책을 세우는 일이 일어났다. 높은 목책 둘레에는 깊은 도랑을 팠다. 맹수도 사람도 접근하기 어렵게 하려 함이다.

② 명당 구조 및 건물 배치도, 산서 대동, 명당유지진열관

③ 복원된 북위시대의 명당(明堂), 산서 대동, 명당유지진열관

④ 대명궁(大明宮) 모형, 당, 섬서 서안, 대명궁박물관

④

왕조시대의 명당은 하늘의 명을 확인시켜주는 곳이었다. 실제 명당자리에 지어지는 것
은 조상신을 모시는 사당이다. 이런 점에서 명당은 천명이 해당 왕조에 있음을 알리는
장치이기도 했다. 북위의 문명태후는 자신의 능묘 영고릉을 수도 평성을 포함하여 내
몽골 일대까지도 모두 잘 보이는 높은 산 위에 두게 하여 자신을 천명을 받고 이루는 존
재로 여겨지게 하려 하였다. 살아서 황제의 위에 오르지는 못했지만, 황제처럼 천하를
호령했던 여걸다운 발상을 실행에 옮긴 경우라고 하겠다.

청동기시대가 되자 지배와 전쟁, 제사가 하나로 묶이는 현상이 나타났다. 신에게 묻고 답을 듣기 위한 제사가 빈번히 행해지고, 신의 계시라며 전쟁과 약탈을 일삼게 되었다. 이 시기 청동제 무기는 실용기實用器이기도 하고 의기儀器이기도 했다. 권위와 힘의 상징인 청동제 무기는 재료를 구하거나 만들기 쉽지 않아 아무나 가질 수 없었다.

청동기시대에 도시는 강을 끼고 세워졌지만, 궁전과 요새, 신전은 강기슭을 거슬러 올라가 언덕이나 산 위에 세워졌다. 산 중턱이나 산 밑, 물 곁의 좋은 자리를 찾아 궁전을 세우기도 했다. 물론 이런 경우, 둘레에 튼튼한 방비 체계를 갖춘다는 전제 조건이 충족되어야 했다. 이런 자리가 새로운 명당이었다.

엄격한 노예제사회에서는 산 위가 명당 중 명당이었다. 평시에도 대규모 군사력을 유지할 수 없다면, 산 위에 신전과 궁전을 지어 안전을 확보해야 한다. 하늘과 가까운 곳에 신의 후손들이 살며 신과 교통할 수 있다고 주장할 수 있다. 신들이 무리 지어 사는 곳은 하늘 아닌가?

그러나 정교한 계층사회라면 산 밑, 물 곁도 명당이었다. 관료제가 잘 작동하고 치안력이 충분히 확보된 상태라면, 산 밑의 궁전과 관청 중심으로 사회질서가 안정적으로 유지될 수 있기 때문이다.

신전 중심의 정치는 신앙을 이념화하여 사람의 마음을 조작하고 사회를 통제할 수 있다. 신의 뜻이라며 지배층이 원하는 사회질서를 제시하고 유지할 수 있다. 이런 주장과 강제의 바탕에는 지배집단의 이익이 깔려 있다.

신의 시대는 인간사회의 지배집단이 바닥을 다져준 까닭에 시작될 수 있었다. 신의 의지가 나라를 세울 수 있게 했고, 나라는 신에 의지하여 존립했다. 물론 지배집단의 요청을 받으면, 신들도 은퇴하거나 명예롭게 퇴진했다.

국가가 세워진 뒤 오래지 않아 명당은 왕의 자리, 신이 머무는 곳으로 인식되었다. 평범한 사람들은 명당 언저리를 멀리서 기웃거릴 뿐이다. 이전에는 도시나 마을을 좋은 자리에 세웠지만, 언제부터인가 가장 좋은 자리를 먼저 찾아 그곳에 신전과 궁전을 지은 다음, 둘레에 도시와 마을이 세워지게 되었다.

명당의 개념이 좁아진 것은 지배계층이나 지배집단이 출현하고 국가가 세워졌기 때문이다. 지배자들의 거처와 안전이 중요해진 것이다. 어디에 중심을 두어야 지배가 쉽고 체제가 오래 갈까? 어디에 도시와 마을을 세워야 무리가 안전한지에 초점이 두어지기보다 어디에 중심을 둘지가 문제로 대두된 것이다. 명당은 이제 무리의 지배자들과 그들의 조상신, 조상신들 위의 최고신이 자리한 곳을 의미하게 되었다.

중국의 상나라 이전부터 신전, 사당은 특정한 장소가 선택되어 건축되었다.[10] 하남 안양의 은허殷墟에서 확인할 수 있듯이 상나라의 신전, 사당, 지배자들의 무덤과 궁전은 한 구역에 모였다. 상나라 사람들에게는 이곳이 명당이었을 것이다. 물론 현실에서는 무덤과 사당보다 신전과 궁전이 중심이었겠지만, 제의를 중심으로 국가를 운영한 상나라의 지배층에게는 신전 겸 사당이 명당 중의 명당이었을 것이다. 상나라를 멸망시킨 주나라에서도 이런 개념과 행위는 그대로 유지되고 계승되었던 것으로 보인다. 여러 기록으로 미루어보면 명당이라는 개념이 이론적으로 정비된 시기는 풍수설이 자리 잡고 사회적으로도 적지 않은 영향을 끼치는 한대漢代이다.[11]

본래 명당이란 자연지리와 인문지리가 하나로 모여 찾아낸 최고의 자리다. 그 자리는 천문天文과 역사의 중심이었으므로 그곳에 지은 건물은 중심의 중심을 뜻했다. 그러나 정권이나 왕조의 수명이 끝나면 명당은 기능을 잃었다. 새로 일어난 왕조나 정권은 저들에게 의미 있는 새로운 장소를 찾아내 명당이라고 이름 지었다. 새로운 사회는 새로운 명당이 필요했기 때문일 것이다.

명
당

／

살기 좋은 곳이
명당이지
바람이 심한 땅에서는
바람을 피하고
물이 귀한 터에서는
물이 흔하고
볕이 드문 곳에서는
볕이 드는 데가
명당이지

벌판 한가운데
억지로 자 대고, 컴퍼스 돌려
큰 집 짓고
방위 맞추어
문 내면서
명당이란다

산 위 바람 심한 땅에
길 내고
봉분 높이 올리며
작은 산과 들이 모두 그 아래 있다고
명당이란다

다니기 좋은 곳이
명당이지
한 걸음 내디디면
우물이고
담 너머 내다보면

장터고
뒤뜰 너머로
마을 앞 돌장승 보이면
여기 내 집이
명당이지

터
/

한눈에 산 아래 계곡이
보인다며 좋은 터란다
골짝과 산마루 사이
개울이 흐른다며
좋은 터란다
뒤가 높고 앞이 트였다며
좋은 터란다
겨울엔 포근하고, 여름엔 시원하다며
좋은 터란다

죽은 이는 누워
산자를 그리워하고
산자는 주저앉아
죽은 이 만날 때를
기다린다

함께 있으면
어디든 좋은 터다
나뉘어 지내면
슬픔이 먼지처럼 쌓이고
고독이 그 위에 곱게 덮인다
터 좋다는 소리도
가슴속 깊이 내려가
가없는 잠에
빠지게 한다

6

수
명 [壽]

오래 살고자 하는 사람의 욕망은
여러 가지 신화와 전설을 낳았고
장생불사長生不死의 신비한 동물들을 출현시켰다

①

②

'만세, 만세, 만만세!' 중국에서 황제를 뵐 때는 이 구호를 세 번 외치고, 아홉 번 머리를 조아려야 한다. '만만세'는 만년×만년이니 헤아릴 수 없는 오랜 기간이다. 말 그대로 불사다.

그러나 이런 축원에도 불구하고 황제든, 평범한 백성이든 세상살이 100년을 넘기기가 쉽지 않다. 평균 수명이 80세를 훌쩍 지난 현재의 한국과 일본에서도 100세를 넘긴 이는 여전히 손가락에 꼽을 정도다.

춘추·전국이라는 오랜 분열기를 뒤로하고 통일 중국의 첫 번째 황제가 된 진시황은 장수를 누리기 위해 불로초不老草를 구하려 애썼다. 방사方士인 서불徐市이 동남, 동녀 삼천 명을 태운 세 척의 배를 이끌고 동해로 떠난 것도 바다 한가운데 있다는 삼신산, 곧 봉래, 방장, 영주의 불로초를 얻기 위해서였다.[12]

오래 살고자 하는 사람의 욕망은 여러 가지 신화와 전설을 낳았고, 장생불사長生不死의 신비한 동물들을 출현시켰다. 천년만년을 뜻하는 천추千秋와 만세萬歲도 장수의 소망이 낳은 상상 속의 짐승들이다. 머리가 사람이거나 짐승인 새로 형상화된 천추, 만세는 중국의 한대에서 남북조시대까지의 화상석, 화상전, 고분벽화에 특히 자주 묘사된다.

장생불사의 욕망이 낳은 대표적인 신앙대상은 서왕모西王母다. 한나라 시기에 널리 유행한 화상석 무덤, 화상석 사당의 중심 제재 가운데 하나는 서왕모의 곤륜선계이다.[13] 곤륜선계에서는 해와 달을 상징하는 모든 기이한 새와 짐승이 서왕모의 권속이다. 세 발 까마귀와 아홉 꼬리 여우는 서왕모를 지키는 호위무사로, 옥토끼와 두꺼비는 불사약을 제조하는 일꾼으로 등장한다.

중국인의 오랜 전설에서 해는 부상扶桑에서 떠올라 건목乾木에서 하루 일을 마친다. 부상과 건목이라는 우주나무는 우주산 꼭대기에

③

④

③ 서왕모와 동왕공의 만남, 후한 화상석, 서안비림박물관
④ 기도 촛불, 현대, 사천 두강언 청성산 상청궁(上淸宮, 중국 도교의 성소)

있는데, 중국인의 전통적인 동쪽 끝의 세계는 태산이고, 서쪽 끝은 곤륜산이다. 두 산 모두 세상 끝에 있고 하늘과 닿을 정도로 높다. 당연히 두 그루의 우주나무도 이 두 산 위에 있다고 보아야 할 것이다.

우주나무인 부상과 건목은 만물을 낳는 생명의 나무이기도 하다. 신화전설에 따르면 두 산의 주인은 각각 동왕공과 서왕모이지만, 화상석에 묘사되는 두 산꼭대기의 신인神人은 각각 머리가 닭이고 소이다. 동왕공, 서왕모신앙이 어디에서 비롯되었고, 어떤 모티프를 바탕으로 신화전설이 펼쳐졌는지를 짐작하게 한다.

섬서 유림에서 발견된 한 화상석 무덤 입구 돌문 위에는 머리가 닭이고 소인 신인들 위에 장생불사의 세계에 산다는 우인羽人들이 천록天鹿을 타고 한가운데 세워진 기와집을 향해 달리고 있고, 그 안에는 어린아이를 사이에 둔 부부로 보이는 남녀가 앉아 있다. 집의 좌우에는 기화요초琪花瑤草의 하나로 영지靈芝에 해당하는 신비한 식물이 지붕 높이로 솟아 있다. 집 안의 남녀는 죽은 뒤에나마 장생불사의 세계에 들어가 살게 된 무덤주인 부부의 모습일 것이다.

한나라 멸망한 이후, 서왕모신앙은 도교와 불교에 흡수되어 명맥을 유지한다. 중국의 전통신앙을 집대성한 도교에 서왕모신앙이 한 자락을 이룬 것은 당연하다고 하겠으나, 서방에서 온 새로운 종교인 불교에도 서왕모신앙이 한 줄기 더해진 건 어째서일까? 종교의 논리보다 백성의 소망이 먼저였기 때문 아닐까?

영
생
의
꿈 /

불로장생을 꿈꾸는 자들아
서왕모 석굴에는 산 것이 없는데
아리따운 여인을 그리며 들여다보는 이들이 있느니라

꿈꾸는 자들아
생명의 끈을 한 손에 든 여인이
다른 손에는 향즙 주머니냐 기름병이냐?
잘 드는 가위니
싹둑거리는 소리 한 번으로
아침과 저녁, 오늘과 내일이
이어지지 못하느니라

동왕공이 봉새의 날개
이 끝에서 저 끝으로
한 번에 오고 가지 못함이
멀고멀어서냐?
생명을 지키는 자는
가위질도 하느니라
생사는 하나라고 가위손으로
말하느니라

아들아 딸아
되돌아보며 아쉬워 마라
영생이라도 순간이니
맺고 남길 무엇도 없느니라

7

주사 朱砂

중국 사람들이 가장 좋아하는 색은
주색朱色과 금색이다
금이야 부富와 귀貴의 상징이니 중국 사람이 아니라도
대부분의 문화권에서 선호된다

① 바탕이 주칠된 목관칠화(木棺漆畵), 북위(484년), 산서성박물원

중국 사람들이 가장 좋아하는 색은 주색朱色과 금색이다. 금이야 부富와 귀貴의 상징이니, 중국 사람이 아니라도 대부분의 문화권에서 선호된다. 주색은 왜 좋아할까? 무릇 사람과 동물의 피가 붉은색이기 때문일 것이다. 그러니 생명을 나타내는 붉은색에 대한 경외심과 애착에서 출발한 것 아닐까? 물론 중국 사람이 유독 붉은색에 집착하는 이유는 따로 더 따져봐야 하리라.[14]

사람을 장사 지내면서 처음 행한 일 가운데 하나가 죽은 이의 몸 주변에 붉은빛 꽃을 뿌려 놓는 일이다. 죽은 이를 매장하며 기리는 관습은 신석기시대부터 확인된다. 매장이라는 행위는 아마 구석기시대까지 거슬러 올라갈 것이다.

신석기시대의 매장 의례에는 죽은 이가 쓰던 물건들을 함께 묻고, 여러 가지 장신구로 죽은 이의 몸을 장식하는 일이 포함된다. 눈길을 끄는 것은 언젠가부터 죽은 이의 몸 주변에 붉은색 광물질 가루를 뿌려 매장이 주의 깊게 정성 들여 이루어졌음을 확인시켜준다는 것이다. 왜 하필 붉은색 가루인가?

매장 의례에는 죽은 이를 조상들의 나라로 되돌려 보낸다는 개념과 죽은 이가 되살아나기를 기대하는 의식이 뒤섞여 있다. 붉은

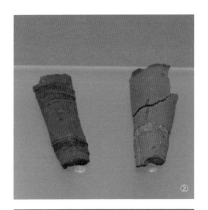

중국에서 신석기시대부터 주칠을 선호했음은 양저문화가 발달한 절강 해안부터 내륙의 감숙 및 섬서 앙소문화 지역에 이르는 넓은 영역에서 발견되는 각종 유물을 통해 확인할 수 있다. 역사시대에도 주칠문화는 그대로 유지된다. 한 경제 양릉 출토 소조 병사용 머리의 주칠 외에도 다수의 한나라 시기 목관과 부장유물에서 주칠을 확인할 수 있다. 남북조시대 북위 왕공과 귀족의 목관에 그려진 칠화 역시 빈틈없이 채워진 주칠 위에 그려져 고급 주사를 활용하여 벽사를 이루려는 그들의 의지를 읽게 한다.

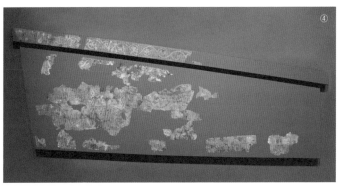

② 칠기(漆器) 잔편, 양저문화(신석기시대), 양저박물관
③ 내부가 주칠된 채회도기(彩繪陶器), 전한, 하북박물관
④ 주칠목관 위의 칠화(漆畵), 북위, 고원시박물관

색 가루는 재생과 부활의 힘이 그 안에 있다는 관념과 관련이 있다. 생명의 피가 죽은 이의 몸 안에서 다시 흘러 누운 자리에서 일어나기를 기대한 것이라기보다 새 생명의 잉태와 출생이라는 방식으로 죽은 이의 가족이나 씨족, 부족에게 되돌아오기를 소망하며 붉은색 가루를 죽은 이의 몸 주변에 뿌렸을 가능성이 크다.

상나라와 주나라 이전, 중국의 매장지에서도 죽은 이 주변에 붉은색 가루를 흩뿌리는 관습을 확인할 수 있다. 상나라의 왕릉과 분묘 안에서 붉은색 가루를 확인하기는 어렵지 않다. 주나라에서도 이런 관습은 그대로 이어진다.[15]

중국에서 붉은색 가루의 재료로 가장 가치 있게 여겨진 것은 주사朱砂다. 현재의 중국 호남성 강릉江陵의 적벽赤壁은 삼국시대에 조조의 대군이 오나라 군대에게 처절한 패배를 경험한 적벽대전으로 유명하다. 이 적벽이라는 절벽 전체가 붉은색을 띠는

것은 주사 성분 때문이다. 밝은 선홍빛이 눈에 잘 들어오는 주사는 무덤 안을 장식하는 데뿐 아니라 칠기漆器로 만들어지는 다양한 형태의 기물器物, 의례용 방패를 비롯한 여러 가지 도구를 제작할 때에도 사용되었다. 특히 무덤 안에 넣는 토용土俑이나 기물器物의 장식에는 빠짐없이 쓰였다.

⑤ 이마에 주칠이 되어 있는 소조 병사용(兵士俑)의 머리, 전한, 한양릉고고진열관

물론 주사를 아무나 쓰지는 못했다. 아무나 쉽게 구할 수 있는 것도 아니었다. 가격도 비쌌다. 주사는 왕릉이나 귀족의 무덤, 부귀를 누리는 이들이 쓰는 기물에 사용되었다. 한나라에서는 고급스러운 그릇인 칠기漆器의 바탕색을 내는 데 쓰였고, 위진남북조시대에는 신선이 되기 위한 불사약不死藥의 재료 중 한 가지로 사용되었다.

　동아시아에서 현대에 이르기까지 주사는 변함없이 쓰인다. 특히 도장 찍는 재료인 인주印朱 가운데 고급스러운 것은 주사를 원료로 만든 것이다. 왕의 옥새玉璽를 비롯하여 권력자의 서명으로 여겨지는 도장이 권위와 힘을 지닌 도구임을 고려하면, 주사를 원료로 만든 인주가 사용되는 것도 자연스러운 현상이라고 해야 할 것이다.

주
사
朱
砂
/

담벼락 붉은 글씨가
새빨갛게 타오르던 붉은 내의가
불새가 떨어뜨린 선홍색 깃털이
세월과 함께 제빛 잃어도

전각篆刻에 남은
도장밥은
처음 그대로다
적벽赤壁처럼
붉게 빛난다

보살 천의天衣의 붉은 무늬가
사당 기와지붕 처마 아래 봉황의 붉은 벼슬이
귀부인 머릿결 사이 붉은빛 비녀 머리가
햇빛에 바래 제빛 잃어도

그릇 귀퉁이에 남은
칠漆 조각은
처음 그대로다
적벽처럼
붉게 빛난다

천년이 지나고
다시 천년이 지났건만
여전히 처음 그대로다
적벽처럼
붉게 빛난다

三. 상서

1

용 龍

용은 상상 속의 동물이다
기원이 어떠하든 용은 상상이 실체를 지니게 된 뒤
현실에 깊이 뿌리내린 사례라고 할 수 있다

① 상약부보(上郡府簠, 청동제기)에 장식된 용, 춘추시대, 양번시박물관
② 옥룡(玉龍), 홍산문화(기원전 4700년~기원전 2900년), 국가박물관

용은 상상 속의 동물이다. 봉황이 대붕大鵬에서 왔고, 대붕은 대풍大風, 곧 늦여름 필리핀 근해에서 출현해 동아시아에 거대한 비바람을 쏟아 붓는 열대성저기압 태풍[타이푼]이 이미지화된 것이라면,[1] 용은 용오름으로 불리는 소용돌이, 미국 대평원의 토네이도에 해당하는 기상 현상을 형상화한 결과일 수 있다.

사실 봉황의 기원이 태풍이라고 하더라도 실제 봉황에서 비롯된 남방의 수호신 주작은 때마다 스스로 불타 재가 되었다가 재생한다는 불새, 곧 불의 이미지에 더 가깝다. 반면 동방의 수호신 청룡으로 대표되는 용은 기우제祈雨祭의 대상으로 물과 관련이 깊다.

기원이 어떠하든 용은 상상이 실체를 지니게 된 뒤, 현실에 깊이 뿌리내린 사례라고 할 수 있다. 살았든 죽었든 용을 본 적 없는 엄마가 용을 그린 어린아이에게 '용 같지 않구나!' 하면, 아이는 군소리 않고 본으로 삼은 그림을 보며 고쳐 그린다. 물론 엄마도 아이도 용이 실재하는지 깊이 생각해보지는 않았을 것이다. 하지만 상상의 존재라는 생각도 해본 적 없을 것이다. 용이라는 존재가 너무나 자연스레 생활 속에 들어와 있기 때문이리라. 등용문登龍門이라는 말도 있지 않은가? 개천에서도 용이 난다는 데, 내 아이가 용이 되지 못할 이유가 무엇인가? 오히려 이런 생각을 하며 스스로에게 다짐하고 아이에게도 부담을 더 주는 엄마들이 얼마나 많은가?

중국 서북 지역 신석기시대 앙소문화 유적에서 출토된 토기 중에는 도롱뇽이 커다랗게 그려진 것이 있다. 신성한 존재로 여겼음을 알리려는 듯 도롱뇽 머리는 더 정성 들여 묘사되었다. 입과 꼬리 끝이 서로 닿아 있는 것으로 보아, 토기 그림에도 제 꼬리를 먹는 뱀이나 용의 형상으로 나타내는 '우로보로스' 관념이 작용한 듯하다.[2] 생명의 순환, 재생의 의지와 소망을 담은 그림인 셈이다.

동아시아의 신화전설에서 용은 뱀이나 물고기와 관련이 깊다. 옛이야기에서 용왕龍王이 사는 곳을 큰 강이나 깊은 바다로 그리는 것도 용이 물고기, 뱀에 대한 관념에서 비롯된 존재인 까닭일 것이다. 실제 상당수의 신화전설에서 용은 물속 세계의 왕이며 용이 되지 못한 이무기는 뱀이나 반룡반어半龍半魚의 형상으로 큰 못이나 강에 산다.[3]

용은 물속에도 살지만, 하늘로 오를 수 있으며 이 때문에 하늘에서 비를 내릴 수 있다. 예부터 기우제는 용왕에게 지냈고, 깃발에 용을 그려 기우제를 지내는 장소에 세워두었다. 농경이 본업이 된 사회에서 때맞추어 내리는 비는 하늘에서 내리는 은혜다. 반면 오랫동안 비가 내리지 않아 가뭄이 심해지면, 농작물이 시들고 말라 가을 추수를 기대할 수 없게 된다. 당장 겨울을 넘기 어려워져 백성

용이 처음 모습을 드러낸 장소 가운데 하나는
하남 복양 서수파 신석기시대 무덤이다.
죽은 이 좌우에 민물조개 껍데기로 만들어진 용과 호랑이는
신석기시대에 이미 용이 형상화되고 신앙되었음을 알게 한다.
중국 서북 앙소문화 유적 출토 도제병에 그려진
제 꼬리를 문 도롱뇽 그림은 용 관념과 관련 있을 가능성이 크다.
중국 동북 내몽골 홍산문화 유적에서는
한눈에 용임을 알 수 있는 옥룡이 출토되었다.
춘추시대 청동제기의 용 장식은 신석기시대부터
오랜 기간 다듬어진 용 개념과 형상화의 결과라고 하겠다.
한 화상석의 응룡이나 남북조 및 수당시대 청룡의 형상은
청동기시대의 용이 모델이 되었다고 할 수 있다.

③ 방소용호(蚌塑龍虎), 앙소문화(기원전 5000년~기원전 3000년), 국가박물관
④ 도롱뇽 그림이 있는 도제병, 앙소문화 중기(기원전 6000년~기원전 5500년), 감숙성박물관

⑤ 화상석에 묘사된 응룡(應龍), 전한, 남양한화관
⑥ 회도(灰陶) 청룡전, 수, 무한시박물관

이건 귀족이건 굶어 죽지 않으려 발버둥쳐야 한다. 왕이 기우제를 지내도 효험이 없다면 하늘이 왕을 외면한 것이니 왕이 죽임을 당해도 할 말이 없다. 실제 중근동과 동아시아의 고대사회에서는 기우제에 능력을 보이지 못하는 왕은 죽임을 당하기도 했다.[4]

그런데 하늘이 비를 내릴 수도 있고, 안 내릴 수도 있는데, 용에게 제사를 지내는 이유는 무엇인가? 실제 비를 내리는 건 용 아닌가? 추수를 가능하게 하고, 사람을 살리는 건 용 아닌가? 풍농제豊農祭건, 풍어제豊漁祭건 은혜 내리기를 비는 대상은 결국, 용이다!

왕을 용으로 여겨 왕의 얼굴을 용안龍顔이라 한 이유는 무엇인가? 용이 지닌 신령스러운 능력 때문이 아닌가? 왕이 용을 대신하기 때문이 아닌가? 중국의 신화전설에 자주 용이 등장하되 주로 해결사로 모습을 보이는 것은, 오랜 기간 이어온 용 신앙 때문이다. 용에 대한 긍정적인 관념과 인식에서 비롯된 현상이다. 중국인에게 용은 동방의 수호신 정도가 아니라 현실과 미래의 삶을 좌우하는 귀중한 존재이자 신앙대상이었다.

용
/

불을 토하는 용이 있다
그는 붉거나 검다
비를 내리는 용이 있다
그는 푸르다

박쥐 날개로 훨훨 나는 용이 있다
그는 바위산 위에서 세상을 본다
구름을 타고 나는 용이 있다
그는 큰 바다 안에서 쉰다

용 한 마리가 땅속 깊은 곳에서 올라왔다
용암이 낳은 아이다
용 한 마리가 바다에서 나왔다
천둥, 번개가 낳은 아이다

용 한 마리는 불태우고
용 한 마리는 비를 내린다
불길을 받은 초목이 재가 되는 동안
비를 머금은 이삭에는 알곡이 가득 찬다

용 한 마리는 붓다에게 대들다가
경쇠 소리 내는 자갈돌이 되었다
용 한 마리는 붓다에게 머리 숙여
정토의 문지기가 되었다

2

상
서 ^祥_瑞

상서祥瑞는 좋은 조짐이다
나라와 백성, 개인에게 좋은 일이 일어날 거라는
징조로 세상에 모습을 드러낸다

① 기린, 남조 화상전, 하남박물원

상서祥瑞는 좋은 조짐이다.[5] 나라와 백성, 개인에게 좋은 일이 일어 날 거라는 징조로 세상에 모습을 드러낸다. 어떤 백성이 임금에게 가화嘉禾를 바쳤다면 그해 농사는 풍년일 것이다. 가화는 보통의 것 보다 이삭이 많이 달린 줄기니 당연히 그렇지 않겠는가? 비정상으 로 말미암은 희소식인 셈이다.

기린麒麟이 나타나면 성인이 세상에 온다는 증거이니 특별한 상 서에 해당했다. 기린과 성인은 동일시되었다. 중국에서는 기린이 출현했다는 이유로 연호를 바꾸기도 했다. 전한 무제武帝의 네 번째 연호 원수元狩는 외뿔 짐승 한 마리를 붙잡은 것을 기념한 것으로 외뿔 짐승을 기린으로 해석한 경우이다.

봉황도 상서의 하나이다. 봉황이 모습을 보이면 성왕聖王이 나와 나라를 다스린다고 했다.[6] 기록에 따르면 공자는 자신을 봉황과 동 일시하기도 했는데, 때를 만나지 못한 것을 한탄했다고 한다. '연작 燕雀이 어찌 봉황의 뜻을 알겠는가?'라는 말은 봉황이 일반 새들과 는 다른 차원의 생명체로 인식된 데서 비롯되었다고 하겠다.

신구神龜, 용, 백호 등도 이른바 가서嘉瑞의 하나로 여겨졌으며, 기린, 봉황과 함께 오령五靈으로 숭배되었다. 음양오행설陰陽五行說

②

③

② 양 머리, 후한 화상석, 산동성박물관

③ 벽(璧)을 꿴 서조(瑞鳥), 후한(160년) 화상석, 하남박물원

을 기반으로 한 오신(五神, 사신에 황룡을 더해), 사신(四神, 청룡, 백호, 주작, 현무)도 오령이 변형되어 성립한 개념이라고 할 수 있다.

특별한 자연현상은 대서大瑞로 분류되었는데, 경성景星과 같이 상서로운 별자리가 나타나거나, 하늘에서 감로甘露가 내린다거나 하는 현상이다. 서설瑞雪, 서우瑞雨 등도 여기에 해당한다. 강에서 큰 조개를 얻는다거나, 바다에서 밝은 진주를 구하는 것도 마찬가지다.

이외 흰 이리, 푸른 여우 등등 보통과 다른 털 빛깔을 보이는 짐승이 나오는 것을 상서上瑞, 흰 꿩이나 흰 제비 같이 일상에서 볼 수 없는 새가 출현하면 중서中瑞, 가화나 지초芝草, 목연리(木連理, 나무 두 그루가 줄기와 가지를 얽는 현상)[7] 등을 하서下瑞, 산호나 백어白魚 등을 구하고 신정神鼎이나 옥종玉琮 등을 얻으면 잡서雜瑞라고 했다.

상서는 여론의 향방에도 영향을 주었으므로 정치에서는 이를 적극적으로 활용하는 경우가 많았다. 천자天子 통치의 상징이었던 구정九鼎과 관련한 승정昇鼎도 그중 하나다.[8] 전국시대 후기까지도 명목상 천자국이었던 주周의 9정鼎은 끊임없는 전란의 와중에 사라졌는데, 이를 강물 속에서 발견하여 건져냈다는 이야기다.[9] 신성한 솥, 신정을 얻은 잡서에 해당할 수도 있지만, 위정자에게는 상서 중의 상서다. 물론 이는 통치의 정당성을 확보하거나 권위를 높이기 위해 만들어낸 이야기일 가능성이 크다. 한대 화상석에는 '승정'을 테마로 한 장면이 자주 등장한다.

중국에서 궁전이나 귀족 저택의 사묘, 사당이나 무덤의 벽, 칸막이는 그림으로 장식되는 경우가 많았다. 그림이나 조소품 가운데 일부는 그것을 보면서 상서로운 의미를 지닌 문자를 읽는 효과를 자아내게 장식되었는데, 상(祥=羊)이나 복(福=蝠)이 그것이다. 양 머리는 상서로울 상(祥)자를 의미했고, 박쥐는 복 받을 복(福)자를 뜻했다. 벽(璧)은 영생(永生)의 기운을 주는 도구였으므로, 상서로운 한 쌍의 새, 봉황 두 마리가 벽에 머리를 넣는 것은 생명의 기운을 받는 행위이다. 무덤에 묻힌 죽은 이 역시 이와 같기를 기원한 것이다. 무덤 속 기린이나 양이 상서로운 존재임은 누구나 안다. 줄기와 가지를 얽어 한 나무가 된 두 그루의 나무는 성인이 세상에 나와 천하가 태평해졌음을 뜻하지만, 사이좋게 부리를 맞댄 한 쌍의 새처럼 가연(佳緣)을 맺고 금슬(琴瑟)을 이룬 부부의 오늘과 내일을 기약하는 것이기도 하다.

④ 연리수(連理樹)와 봉황(鳳凰), 후한 화상석, 서주한화상석예술관

정통 역사서에 상서를 다룬 항목이 별도로 있을 정도로 왕조시대의 중국에서는 상서의 영향이 컸다.[10] 한나라부터 당나라 시기에는 상서에 해당하는 사건을 상세히 기록했다. 위에서 제시한 것처럼 상서를 등급을 나누어 분류하기도 했다.

상서의 유행은 장례풍속에도 영향을 끼쳤다. 그러나 수많은 상서를 일일이 그려서 남기기도 쉬운 일은 아니다. 무덤과 사당을 장식하는 화상석이나 화상전에는 기린, 봉황과 같이 극히 상서로운 짐승을 묘사하기도 하고, 아예 상서를 뜻하는 양羊을 글자 대신 새겨 넣기도 했다. 중국인에게는 양과 상祥이 발음상 같았기 때문이다. 화상석 무덤 입구에 양의 머리만 여럿 새겨 상서로움이 곱절이 되기를 기원한 것도 같은 발상에서 비롯되었다고 하겠다.

⑤ 상서로운 양, 후한 화상석, 유림한화상석박물관

상
서

/

늘 하늘을 본다
별이 그대로인지
해와 달이 제자리인지

산과 계곡, 강과 들판에
눈길을 준다
털빛 흰 짐승이 다니는지
벼슬과 부리가 다른 새가 나는지

빛깔 다른 옥을 바친 이가
높은 벼슬을 받았단다
오래된 청동 솥 찾아낸 사람이
고래등 기와집 주인이 되었단다

궁궐 뜰에는
뿔 하나인 기린이 돌아다닌단다
임금님 사냥길에
줄기는 둘인데, 하나로 얽힌
나무 두 그루를 보았단다

이것도 얻지 못하고
저것도 만나지 못했으니
누운 자리, 무덤 돌에
양 세 마리 새겨 달라고
아들에게 말해두었다

3

도 饕
철 餮

도철은 탐심, 탐욕이 심하여
무엇이든지 탐을 내며 잡아먹으려 애쓰는 괴물이다
이런 괴이함으로 사악한 존재의 접근을 막으려는 의지, 소망이
이런 도철문을 통해 형상화되었다고 할 수 있다

① 도철형 괴수, 당(唐) 석관 화상, 서안비림박물관

도철饕餮은 탐심, 탐욕이 심하여 무엇이든지 탐을 내며 잡아먹으려 애쓰는 괴물이다.[11] 상商·주周 청동기에 조각된 좌우 대칭형의 괴이한 짐승 형태의 무늬를 보통 도철문이라 부른다.[12] 이런 괴이함으로 사악한 존재의 접근을 막으려는 의지, 소망이 이런 도철문을 통해 형상화되었다고 할 수 있다.

험상궂은 얼굴, 사나운 표정으로 무언가를 지키려는 존재가 반드시 있어야 할 곳은 궁궐과 집, 사당과 무덤이다. 물론 가장 긴요한 곳은 무덤과 사당이다. 무덤이나 사당의 입구에 이런 모습의 지키는 자가 조각의 형태로 놓이면 보통 진묘수鎭墓獸, 진묘용鎭墓俑이라고 한다. 지키는 자는 관대棺臺나 관棺에 묘사되기도 하는데, 이를 가리키는 특정 용어는 없다.

중국의 한나라 때까지는 지키는 자가 도철문을 기본으로 형상화되어 묘사되고 조소 작품으로 만들어진다. 때로 용의 머리를 본뜬 정면상으로 그리거나 제작하여 궁궐이나 관청의 치미鴟尾로 쓰기도 한다.

'지키는 자'의 새로운 모델은 후한後漢 명제明帝 시기에 서역으로부터 불교와 함께 들어온다. 사자상이 그중 대표적이다. 보통 호법

②

③

④

청동기시대의 전형적인 도철문은
호랑이를 포함한
맹수의 정면상을 연상시킨다.
여기에 용의 이미지가 더해진 것이
남북조시대 진묘수의 얼굴이다.
사자의 이미지까지 더해지면
수당시대 진묘수의 정면상이 완성된다.

⑤

사자護法獅子로 부르는 사자는 여래상이 결가부좌結跏趺坐한 수미단須彌壇 아래 좌우에 포효하는 모습으로 두 앞발을 세운 채 앉아 있다. 중국인에게 매우 낯설었던 이 짐승은 수사자의 갈기로 말미암아 더 인상적으로 다가왔다.

위엄 있으면서 사납고 강력해 보이는 이 짐승의 이미지는 지키는 자의 새로운 모델로 쓰기에 제격이었다. 사자는 삼국·위진 시기를 거치면서 지키는 자로 형상화되어 남북조시대에는 관이나 관대, 능묘의 입구에 빈번히 모습을 보이게 된다. 당나라 시기에 진묘수로 즐겨 만들어지는 짐승 형상의 괴수에 쐐기 모양으로 여러 갈래로 뻗어 나가는 갈기가 다수 붙어 있는 것도 수사자의 갈기 이미지에 기댄 것이라고 할 수 있다.

중국의 남북조시대에는 도철과 사자, 용의 얼굴을 혼합시킨 듯한 새로운 유형의 '지킴이'도 나타나 여러 가지 이름이 붙여진다. 그러나 기본형은 거의 같아 머리는 괴수이고 몸은 역사力士이다. 물론 손발은 괴수답게 맹수의 그것과 같아 손·발톱이 갈고리처럼 날카롭고 끝이 굽어 있다. 이런 유형의 역사형 괴수는 관념상 불교의 금강역사나 호법천왕護法天王과 통하지만, 사람의 형상이 아니라는 점에서 구별된다.

남북조시대에 유행하는 사자 모습의 지킴이나 괴수 모습의 역사는 고구려 고분벽화에도 영향을 주었다. 고구려 후기 국내성 지역

고분벽화에서 남북조시대 관대나 석관, 묘지 뚜껑, 능묘의 신도神道 앞 벽사나 천록 같은 석상 받침에 묘사된 것과 유사한 형태의 괴수가 널방 벽 모서리의 기둥을 대신하거나 천장 고임과 벽 사이에서 그 위의 세계를 떠받치는 존재로 그려진 사례를 확인할 수 있다.

각각 한 시대를 풍미했던 괴수 역사나 사자 형상의 지킴이 동물은 남북조와 수를 이은 당나라 때에는 이전처럼 유행하지 못한다. 초당初唐 시기가 지나면 형상이 서서히 달라져 삼채진묘용三彩鎭墓俑으로 확인할 수 있듯이 수사자의 갈기에서 비롯된 듯이 보이는 쐐기꼴 갈기 외에는 여러 짐승의 이미지에 사람 얼굴까지 혼합된 형상이 유행하기 시작한다. 최대한 여러 가지 이미지를 혼합함으로써 지킴이의 능력을 극대화하려는 의지가 작용한 때문으로 보이나, 장식성만 더해졌을 뿐 실제 사악한 존재들에게 두려운 마음을 일으켰는지는 의문이다.

⑥ 도철형 괴수, 북위(6세기 초) 석상 화상, 미국 보스턴미술관

도
철

나는 호랑이다
난 용이다
난 사자다

너는 무엇이라 하지 않았다
내가 무엇이라고 했다
그러나 소리는 입안에서 맴돌 뿐
눈빛만 남아 진흙 구덩이 바깥에서 빛이 들기를 기다린다

내가 지키던 왕은 뼈도 남지 않았는데
난 눈에 진흙을 묻힌 채
무언가 보며 물리치려 애쓴다
잠이 나를 유혹하지만
눈을 감을 수 없다

천년이 흐르고, 다시 천년이 흘렀다
왕과 함께 묻힌 온갖 기물마저
흔적을 잃은 지 오래인데
난 눈 감지 못하고
빛을 기다린다
무엇이 여길 들여다보는지
가려 내려
온 힘을 다해
눈을 부릅떠본다

4

우인 羽人

우인은 본래 진나라와 한나라 때 크게 유행한
신선신앙의 산물이다
사람들은 선계의 신선들이 옥玉과 영지靈芝를 먹으며
자신이 사는 세상 주변을 날아다닌다고 믿었다

① 우인승선(羽人昇仙), 후한 화상석, 하남박물원

'날개를 달았다'라는 말이 있다. 매우 잘 된다는 뜻이다. 날개는 많은 사람에게 선망의 대상이었다. 어깨에 날개가 돋는다면 얼마나 좋을까? 어디든 갈 수 있지 않겠는가? 강과 늪, 사막과 바다, 높은 산조차 장애가 되지 않는다. 어린아이들은 천사의 어깨에 날개가 돋았다고 믿는다. 아이들은 날고 싶은 욕망이 투사된 그림을 그리기도 한다.

마을 경계 바깥으로 나들이하기도 쉽지 않았던 고대사회 사람들은 높은 하늘을 나는 솔개와 매가 어떤 광경을 보는지 상상하기 어려웠다. 사람들은 새의 눈을 가지기를 꿈꾸기도 하고, 날개 달린 짐승을 타고 하늘을 나는 장면을 상상하기도 했다. 그들의 꿈과 소망은 날개가 돋은 사람이 겪는 모험 이야기로 그려지기도 했다.

한나라 시기 중국에서는 조각과 그림으로 어깨에 날개가 돋은 사람들이 형상화되는 일이 많았다.[13] 화상석에 선각線刻으로 묘사된 날개 달린 사람들, 맑고 투명한 옥으로 만들어진 우인羽人, 날개 달린 온갖 짐승, 날개를 펼친 짐승 머리의 사람들은 한나라 시대 미술 작품의 특징이기도 하다.

우인은 한나라 때 크게 유행한 서왕모 신앙 관련 장면에도 빈번

②

새 머리 짐승과 용머리 짐승을 탄 우인, 새 머리 짐승에게 먹을 것을 주는 우인은
한나라 시기까지 비교적 자유로웠거나 용이했던 북방 및 서방과의
인적·물적 교류를 암시한다. 한나라 시기의 미술품에
날개 달린 사람이나 짐승이 자주 등장하는 것도 흉노를 비롯한
초원지대 및 사막 건너 오아시스 도시국가들과의 교류 결과일 수 있다.
중국의 전통적인 관념과 신앙을 바탕으로 성립한 도교의 성립·확산을 계기로
날개 달린 생명체가 형상화된 예술품도 점차 줄어드는 경향을 보인다.

③

④

하게 등장한다. 서왕모의 권속으로 온갖 잡일을 하는 우인 가운데 어떤 이는 상서로운 짐승에게 영지靈芝나 가화嘉禾를 먹이로 주고, 봉황에게서 상서로운 구슬[珠]을 받아내기도 한다.[14] 선계의 주인에게서 잠시 말미를 얻은 우인 가운데 어떤 이들은 육박六博이라는 장기 비슷한 놀이에 몰두하며 하루의 시름을 잊기도 한다.[15] 선계의 삶이라고 어려운 일이며 걱정거리가 없겠는가?

미술 작품 속의 우인들은 모두 선계仙界의 일원이다. 그러니 수명의 한계가 없다. 화상석이나 화상전에 묘사된 우인은 늙어 기운 빠져 몸을 세우기도 힘들어하는 속세의 사람과 달리 기운이 넘친 듯이 보인다.

그러나 한나라가 왕조로서의 수명을 다하자 중국의 미술 작품에서도 우인은 사라진다. 어쩌면 점차 사라진다는 게 맞는 표현일 것이다. 우인이 사람들의 관심과 표현의 대상에서 벗어나게 된 것이다. 우인들의 우두머리였던 서왕모는 붓다 세계인 불교의 하위 신이 되거나, 여러 천존天尊을 최고신으로 삼는 도교道教 신의 하나로 소속과 지위가 바뀐다. 그러나 웬일인지 상당수 우인은 주인과 함께 자리를 옮기지 못한다. 무엇 때문일까? 무슨 일이 일어난 걸까?

우인은 본래 진나라와 한나라 때 크게 유행한 신선신앙의 산물이다. 불사不死의 신선이 되기를 꿈꾸던 사람들은 서왕모가 다스린다는 서쪽 끝 곤륜산 위 곤륜선계에 가서 살거나 동해 한가운데 있

② 우인사이수(羽人飼異獸), 후한 화상석, 산동석각예술관
③ 옥제 선인분마(仙人奔馬), 전한, 함양박물관
④ 우인사봉조(羽人飼鳳鳥), 후한 누각인물화상석, 산동성박물관

다는 봉래, 방장, 영주, 곧 삼신산 신계의 일원이 되기를 바랐다. 사람들은 선계의 신선들이 옥玉과 영지靈芝를 먹으며 자신이 사는 세상 주변을 날아다닌다고 믿었다.[16]

한나라와 삼국·위진시대에 신선의 삶을 꿈꾸던 사람들은 신선이 되는 법을 책으로 만들어 공유하고, 신선이 되는 불사약不死藥을 만들어 먹으려고 애썼다.[17] 그러나 이 시대에 이미 중국 도교는 도가道家철학을 바탕으로 신선신앙을 비롯한 중국 전래의 여러 사상을 흡수·종합한 새로운 종교로 태동하고 있었다. 초원의 길과 오아시스 길, 바닷길을 거친 불교가 새로운 관념과 종교미술을 동반한 채 중국으로 들어와 널리 유행하기 시작한 시기도 이즈음이다.

위진남북조시대의 도교와 불교에서는 우인을 특별한 존재로 말하지 않는다. 신선은 스스로 하늘로 날아오르거나, 상서로운 새와 짐승을 타고 세속과 선계 사이의 공간을 오간다. 붓다와 보살, 천왕天王은 구름에 싸여 잠시 세상에 모습을 드러내기도 하고, 자신의 정토淨土로 돌아가기도 한다. 이들 신비한 존재 가운데 어떤 이도 어깨에 날개를 달고 새처럼 퍼덕거리지 않는다. 날개 없는 위대한 신들의 세계가 열린 것이다. 천사처럼 어깨에 날개가 돋은 우인이 있을 자리가 따로 마련되지는 않은 셈이다.

날
개
달
린
사
람

/

어깻죽지에 날개가 돋아 있었다
새처럼 퍼덕거릴 수 있었다
하늘에서, 허공에서
땅을 내려다볼 수 있었다

온갖 자잘한 일로
하루는 잠깐 사이에 지나고
밤낮없이
새와 짐승 사이로
뛰어다녔다
등에 날개가 달렸는지
잊고
종종걸음으로 다니며
옥을 뜯고 영지를 캐
기린을 먹이고 봉황을 길렀다

서왕모 주신 말미에
육박 두며 벗을 보니
등에 날개가 달렸다. 그러고 보니
내 어깨에도 날개가 있다

5

인면조 · 인면수
人面鳥 · 人面獸

머리는 사람이고
몸통은 새이거나
사람의 머리에
짐승의 몸통인 것
심지어 사람 얼굴의 물고기까지
그려지거나 설명된 대로면
사람인지, 짐승인지
알 수 없는 것들이
산과 강, 바다에 있다고 한다

① 인면진묘수(人面鎭墓獸), 북제(570년), 산서성박물원

『산해경山海經』이라는 고서古書에는 산과 강, 계곡과 바다에 사는 신이한 사람과 짐승, 나무와 풀, 열매가 자주 등장한다. 단순히 어떻게 생긴 사람이 어떤 행동을 하고 있다는 식으로 묘사되기도 하고, 어떻게 생긴 짐승이 어떤 습관이 있는데 잡아먹으면 어떤 병을 고치거나 어떤 능력을 지니게 된다고 알려주기도 한다. 수목樹木과 열매도 마찬가지다. 정말? 그렇다면, 한번!

그러나 그런 것을 잡거나 얻을 수 있는 산과 강, 계곡과 바다는 너무 먼 곳에 있다. 찾아가다가 심신이 지치고 병들거나 늙어 죽기 십상이다. 그러니 그런 곳에 그런 것이 있다는 사실을 알고 마음에 새겨 두는 것으로 그칠 일이다.

② 인두조수(人頭鳥獸), 후한 화상석, 하남 남양 출토, 하남박물원

한나라 시기에는 서로 다른 두 종의 특징을 한 몸에 지닌

이형 생명체가 대거 표현되어 남겨진다.

이 시기를 고비로 새와 짐승의 형상을 한 몸에 지닌 존재는 점차 사라지고

사람 머리의 생명체나 온전히 사람 형상인 신앙대상이 만들어지고 표현된다.

사람 머리의 짐승이 조소나 회화로 묘사되어 남겨지는 것도

그런 과정이라고 할 수 있다.

『산해경』을 읽고 옮겨 쓴 이들, 책에 실린 그림을 베껴 그린 이들은 어렴풋이 짐작했을 수도 있을 텐데, 책에 모습을 보이는 사람이나 짐승은 본래 신으로 믿어졌던 존재들이다.[18] 수목과 열매는 설명대로 구하여 먹으면 특별한 효과를 낸다고 믿어지거나 존재 자체로 신앙의 대상이었음이 확실하다.

책에 언급된 신비한 사람과 짐승 가운데 눈에 띄는 것은 사람 얼굴의 생명체들이다. 머리는 사람이고 몸통은 새이거나 사람의 머리에 짐승의 몸통인 것, 심지어 사람 얼굴의 물고기까지, 그려지거나 설명된 대로면 사람인지 짐승인지 알 수 없는 것들이 산과 강, 바다에 있다고 한다. 눈길을 끄는 것은 이런 생명체들을 잡아먹으면 사람의 지병을 고치거나 사람의 능력을 초인超人 수준으로 끌어올린다는 것이다. 왜, 이런 약효며 설명이 덧붙었을까?

『신선전神仙傳』을 비롯한 『산해경』 이후의 저작물에는 머리가 사람인 새나 짐승 가운데에 신선으로 일컫는 것들이 여럿 소개된다. 왕자 교喬도 그중 하나다. 왕자 교는 주나라 영왕靈王의 아들로 본래의 이름은 진晉이며 이수伊水와 낙수洛水 사이를 놀러 다니다가 도사 부구공浮丘公을 만나 숭고산崇高山에 올라간 뒤 신선이 되었다는 인물이다.[19]

신선가의 여러 책에 왕자 교는 백학白鶴을 타고 생황笙簧을 부는 사람의 모습으로 그려진다. 때로 머리는 사람이고 몸통은 새로 묘

③ 해를 안고 날아가는 사람 머리의 새, 일신(日神), 후한 화상전,
중경 구룡파 출토, 중경중국삼협박물관
④ 천추(千秋), 남조 화상전, 강소 남경 출토, 국가박물관
⑤ 유도인면진묘수(釉陶人面鎭墓獸), 북위(484년), 대동시박물관

사되기도 한다. 사람들에게 알려진 신선 왕자 교는 사람 머리의 새이기도 하고, 새를 탄 사람이기도 한 셈이다. 왕자 교가 두 가지 다른 이미지로 사람에게 알려진 이유는 무엇일까?

이는 그리스신화의 켄타우로스가 상체는 사람이고 몸은 말인, 사람도 짐승도 아닌 괴수로 묘사되는 것과 같은 이치에서 비롯되었다고 보아야 할 것이다.[20] 그리스인들에게 원거리 무역의 상대이자 미지의 존재이기도 했던 스키타이 사람들은 인류 역사에 처음 등장하는 기마민족 가운데 하나이다. 청동기시대 초기의 농경민족에게는 여전히 낯설고 익숙지 않은 짐승이었던 말을 기마인들은 자유자재로 부렸다. 그들이 말을 타고 나타났다 사라지는 모습은 때로 신비하기까지 했다. 아마 이들을 잘 알지 못하는 사람들에게 유목 스키타이인은 말과 사람이 하나가 된 기괴한 형상으로 '이미지image'화 되었을지 모른다.

한때 신앙의 대상으로까지 높여졌던 인면조나 인면수는 사람 모습의 신이 신전 한가운데 자리 잡게 되자 새로운 모습의 신을 보조하는 존재로 다시 자리 매겨졌을 가능성이 크다. 신에서 신의 보조자로 정체성의 변화가 일어난 것이다. 신이었다가 괴수나 정령이 된 인면조나 인면수는 그리스 및 메소포타미아의 신화와 신전에서도 쉽게 찾아볼 수 있다.

『산해경』에 등장하는 인면조, 인면수는 산과 강, 바다의 신으로 믿어지고 숭배되다가 정령으로 지위가 격하되었던 생명체들의 마지막 모습을 전해준다. 사람 모습의 신과 영웅들이 지배하는 사회에서 반인반수의 생명체들이 설 자리를 잃고 결국, 영약靈藥으로 여겨지는 상태로까지 전락하였음을 문서로 확인시켜준 극적인 사례라고 할까?

인면조, 인면수 신이 영약으로 전락하는 데서 끝나지는 않는다. 남북조시대의 중국에서 인면수는 무덤을 지키는 자로 되살아나고, 인면조는 천년만년 무한한 생명을 뜻하는 존재로 다시 그려진다.

죽은 자의 세계, 내세의 삶을 누리는 자의 세상은 천년만년 무한한 생명을 위한 새로운 공간을 의미할 수 있다. 인면조, 인면수가 신으로서의 부담을 떨치고 진정한 생명을 부여받고 누리는 세상이 열렸다고 할까?

사람새、사람짐승 /

난, 신이었다
사람들은 내게
영생을 빌었다

난, 정령이었다
사람들은 여행길
지켜달라며, 내 모습을 빚어
가슴에 품었다

난, 영약이었다
사람들은 내 그림자를
갈고 달여 마시며
무병장수를 꿈꾸었다

난, 내세로 가는 길목, 지킴이가 되었다
사람들은
문지기가 든든하다며
편안한 얼굴로 잠들었다

6

조어・조사 _{鳥魚}
_{鳥蛇}

중국에서 새가 물고기를 쪼아 삼키는 모습은
신석기시대 토기에 처음 보인다
자연에서는 관찰되는 장면이지만, 왜 새가 물고기를 사냥하는 모습이
신석기시대 토기에 그려졌는지는 쉽게 답을 찾기 어렵다

① 관어석부도채회도항(鸛魚石斧圖彩繪陶缸, 황새와 물고기, 돌도끼가 그려진 채색 항아리),
앙소문화(신석기시대), 국가박물관

중국에서 새가 물고기를 쪼아 삼키는 모습은 신석기시대 토기에 처음 보인다. 자연에서는 관찰되는 장면이지만, 왜 새가 물고기를 사냥하는 모습이 신석기시대 토기에 그려졌는지는 쉽게 답을 찾기 어렵다. 이후 이 장면은 중국 한나라 화상석에서도 빈번히 묘사되고, 한국의 고구려 고분벽화에도 등장한다.[21]

중국 춘추·전국시대의 문서에 근거하여 음양 조화, 음양 순환, 자연 질서의 회복, 생명의 재생 등의 의미를 담고 그려졌다고 해석하기도 한다.[22] 계절은 자연스럽게 순환되고, 우주는 원활하게 작동되어야 한다는 것이다. 겨울에 강과 못 속에 있던 물고기와 뱀은 여름에는 새가 되어 하늘을 날며, 다시 겨울이 되면 새는 못과 강으로 들어가 물고기와 뱀이 되는 식의 순환과 재생 말이다. 물론 여기서 새는 음양설陰陽說의 양陽이고, 물고기와 뱀은 음陰이다.

존재하는 모든 것, 생명과 무無생명이 음양의 기운을 나누어 가지고 있다는 관념, 음양설이 언제 출현했는지는 논란거리다. 전국시대에 학파로서 음양가가 있었고, 대표적 인물인 추연鄒衍이 음양오행설陰陽五行說을 체계화했다는 사실은 잘 알려졌다. 하지만, 그 기원은 여전히 오리무중五里霧中에 가깝다. 그러나 하남성 복양濮陽

②

③

② 쌍조식사(雙鳥食蛇, 뱀을 잡아먹는 새 두 마리), 북위 신구(神龜, 518년~519년) 방흥석관(方興石棺), 산서성박물원 ③ 조함어(鳥銜魚, 물고기 잡아먹는 새), 후한(160년) 화상석, 하남박물원

수렵 채집사회든, 농경사회든 조개 채취와 물고기 잡이는
비교적 손쉬운 식량 채집 방법이었다.
신석기시대 유적에서 자주 발견되고 수습되는 유물도 어렵용 그물추다.
중국인에게 물고기는 가치 있는 요리 재료이기도 했다.
춘추·전국시대에는 귀한 손님에게 식사를 대접할 때에
반드시 포함되어야 하는 것이 물고기요리였다.
이런 까닭에 물고기는 풍성함과 부유함의 상징처럼 여겨졌다.
한나라 시기 화상석이나 화상전에 앞뒤 맥락이 뚜렷이 잡히지 않는 화면에서
물고기가 표현되는 것도 물고기에 대한 이런 관념이 전제되었기 때문이다.

④ 조함어(鳥銜魚), 후한 화상석, 중경중국삼협박물관
⑤ 쌍룡함어(雙龍銜魚, 물고기 먹는 용 두 마리), 후한 화상석, 등봉시역사박물관

서수파西水坡의 신석기시대 무덤에서 죽은 자의 좌우에 조개껍데기로 호랑이와 용을 나타내 후대의 좌청룡左青龍, 우백호右白虎를 형상화했다는 사실은 주목할 필요가 있다. 좌청룡, 우백호 역시 음과 양의 대응 관계를 보이는 사례인 까닭이다.

만약 서수파무덤의 용과 호랑이가 음양 관념에 기초해 형상화된 것이라면, 신석기시대 토기에 그려진 새와 물고기를 음과 양의 만남으로 해석해도 무리가 없다. 이미 신석기시대에 음양 관념을 바탕으로 한 우주론이 성립하여 진지하게 논의되고 형상화될 정도라면, 이어진 청동기시대에는 음양론이 더욱 정교하게 다듬어졌을 가능성이 크다.

백로나 왜가리, 황새가 물고기를 주식으로 삼는다는 사실은 잘 알려져 있다. 자연계에서는 뱀을 잡아먹는 새도 적지 않다. 그러나 자연계의 특정한 현상이 그림이나 조각의 테마로 받아들여지고 자리 잡으려면 이를 가능하게 하는 신화, 전설 혹은 역사적 사건이나 일화逸話가 뒷받침해주어야 한다.

새와 물고기, 새와 뱀의 조합이 음양 조화, 음양 순환의 소망을 담은 표현이라면 용과 물고기의 만남은 어떻게 해석되어야 하는가? 용은 뱀과 함께 음의 속성을 지닌 존재로 해석되어야 하지 않는가? 청룡, 백호의 관계에서도 청룡은 음이 아닌가?

그런데 음양론에서 음과 양은 절대적이 아니라 상대적인 개념이라는 사실에 유의할 필요가 있다. 음의 속성을 지닌 두 생명이나 물질은 내부의 음양 구성에 따라 다시 서로에게 음과 양의 존재로 대립적이고도 조화로운 관계를 이룰 수 있기 때문이다. 사신四神 중 북방의 수호신 현무玄武의 뱀과 거북이 바로 그런 예다. 음양의 조화, 우주 질서의 재생과 순환을 상징하는 현무는 뱀이 양, 거북이 음이다. 암수 주작朱雀이 각각 음과 양을 나타내며 조화를 이루어내듯이 뱀과 거북도 음양의 기운으로 우주 질서를 재생시킨다. 용과 물고기가 조합을 이룬다면 용은 양을, 물고기는 음을 나타낸다고 보아야 할 것이다.

음
양
/

밝은 것 안에도 어두움이 있고
어두운 것 안에도 밝은 것이 있다
밝고 어두운 것은 늘 함께 있다

높고 낮고
나오고 들어가고
내밀고 받아들이며
아귀가
맞아 들면
온전해졌다고 한다

용이 봉황이 되고
주작은 도롱뇽이 되어
하늘과 물이 만나
땅에서 어우러지면
둘이 하나 되어
온전해졌다고 한다

밤에 빛나는 것이 있고
낮에 그늘진 것이 있다
밤낮이 구분되지 않는 그때

새가 물고기를 쪼고
악어가 새를 삼키는 그 순간
음양이 만나
온전해졌다고 한다

7

해
와
달 [日月]

동방의 해, 서방의 달은 하늘에서 빛을 내는
가장 커다란 별 두 개였고
해신과 달신이 두 별의 관리자였다

① 해와 달, 후한 화상석, 유림한화상석박물관

후한의 왕충王忠은 『논형論衡』에서 "일식과 월식에는 일정한 법칙이 있으니, 정치를 잘 했느냐 못 했느냐에 달린 게 아니다"라고 했다. 고유高柔는 전한의 회남왕 유안劉安이 펴낸 책 『회남자淮南子』에 주注를 달면서 "달이 보름날 해와 동서쪽에서 서로 마주 보는 일직선 위에 놓이면 월식月蝕이 일어난다" 했고, 혼천의渾天儀, 지동의地動儀 등을 발명한 장형張衡은 『영헌靈憲』에서 "달빛은 해가 비추는 데서 나온다. (중략) 달이 해의 정반대 쪽에 있게 되면 빛이 닿지 않으니 지구의 그림자로 가려지는 까닭이다. 이것이 어둑어둑해지다가 아예 보이지 않게 되는 이유이다"라고 하여 월식이 어떻게 일어나는지를 밝혔다.

　늦어도 한나라 때는 철학자와 과학자들이 해와 달이 어떻게 서로 관련되는지, 일식과 월식이 어떤 현상인지를 이해하고 설명했지만, 이것이 사회적 상식은 아니었다. 왕과 제후, 귀족과 일반 백성에게 해와 달은 여전히 하늘에서 땅을 비추는 신비한 존재였다. 그들이 예로부터 들어온 그대로

③

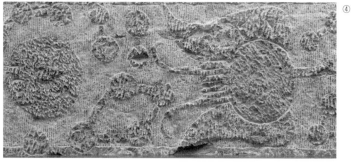

④

③ 복희와 여와 모습의 해신과 달신, 후한 석관 화상, 중경중국삼협박물관
④ 일월동휘(日月同輝, 해와 달이 함께 빛나는 상서로운 순간), 후한 화상석, 하남박물원

해와 달은 신인 희화羲和와 상희常羲가 받쳐 들고 세상에 빛을 주는 그 무엇이었으며, 창공 한가운데에서 빛나는 해는 명궁 예羿가 활로 쏘아 떨어뜨린 아홉 마리 금까마귀의 형제로 하늘에 남은 하나였다.

한나라 때 성행한 화상석 속의 해와 달은 희화와 상희가 어깨 위로 받쳐 든 둥근 원이다.[23] 원 안에는 각각 세 발 까마귀와 두꺼비가 들어 있다. 동방의 해, 서방의 달은 하늘에서 빛을 내는 가장 커다란 별 두 개였고, 해신과 달신이 두 별의 관리자였다. 때로 해와 달은 각각 머리가 닭인 신, 소인 신의 손길 아래 있기도 했다.

중국인의 오랜 관념에서 해는 양陽의 기운이 모인 덩어리이고, 달은 음陰의 기운이 모인 덩어리이다. 그리스·로마신화에서처럼 해와 달이 각각 남신과 여신이지는 않다. 물론 중국에도 희화와 상희처럼 해신과 달신은 있다. 그러나 두 신이 해와 달은 아니다. 복희와 여와도 해신과 달신으로 인식되지만, 두 신 역시 해와 달을 머리 위로 받쳐 들고 있거나 가슴에 안고 있을 뿐이다. 해와 달은 어디까지나 별도의 천체天體인 것이다.

중국의 신화를 언급한 여러 책에서 해는 동쪽 양곡暘谷 위 부상扶桑이라는 나무에서 떠올라 서쪽의 약목若木 아래 우연羽淵으로 진다. 부상은 동쪽 끝에 있다는 거대한 우주나무이고 양곡은 부상이 자라는 큰 계곡이다. 약목은 서쪽 끝의 큰 나무이고, 함지咸池 우연은 약

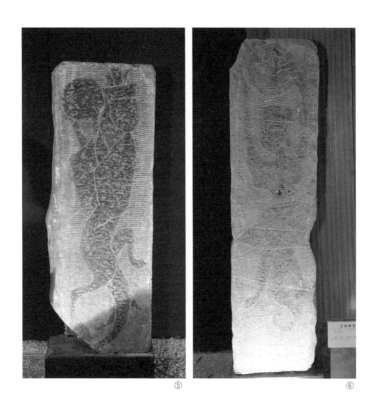

⑤　　　　　　　　　　　　　　　　　　　⑥

한나라 시기에 만들어진 화상석에 해와 달은 둥근 별로만 그려지기도 하고, 해신과 달신에 의해 들리거나 안긴 상태로 묘사되기도 한다. 때로 해와 달은 새의 등에 얹혀 하늘을 가로지르기도 한다. 이는 한나라 때까지는 앞 시대에 존재했던 여러 갈래의 해와 달 인식, 해신과 달신 관념이 공존했음을 뜻한다. 복희 모습의 해신, 여와 형상의 달신에 대한 인식과 표현은 수·당시대까지 이어져 무덤 안의 관을 덮거나 관에 넣는 비단이나 명주의 그림으로 남아 후세까지 전한다.

⑤ 월신 상희, 후한 화상석, 남양한화관　⑥ 일신 희화, 후한 화상석, 남양한화관

목 아래 있는 큰 못이다.

만일 옛이야기대로 해가 금까마귀라면 부상의 가지 위에 앉아 있다가 때가 되면 하늘 위로 날아간다고 해야 옳을 것이다.[24] 화상석에 해가 새 위에 얹히거나 둥근 해를 가슴에 품은 사람 얼굴의 새가 하늘길을 떠나는 듯이 묘사된 것도 해의 정체가 금까마귀인지 아니면 그냥 둥근 별인지, 그리는 이마다 인식과 판단이 달랐기 때문이라고 할 수 있다.

어쨌든 신화전설에 따르면 해는 날마다 동쪽 끝에서 떠올라 서쪽 끝으로 지며 함지라는 거대한 연못에서 몸을 씻은 뒤 밤새껏 우연 아래 몽사(蒙汜, 弱水)로 이어진 물길을 거슬러 동쪽 끝 양곡으로 되돌아간다. 해가 정말 금까마귀라면 날아올라 하늘길로 되돌아가야 하지만, 새가 아닌 물고기나 용처럼 물길을 따라 동쪽으로 간다. 금까마귀가 큰 못에서 목욕하면서 용이 되고, 대어大漁가 되는 셈이다. 그러면 까마귀가 아니라 두꺼비로 그려지는 달은 어디에서 떠올라 어디로 가는가?

해
와
달

/

제가 빛나면 해고
그 빛을 받으면 달이다
달은
햇빛 받아 빛나고
해는 저를 태우면서
빛난다
저를 보지 말라며
동생은 빛을 내고
오빠는
동생이 내는 빛으로
밤을 밝힌다

오빠야
난 보이는 게 두렵다
동생아
난 네가 스스로
타는 게 싫다
오빠와 동생은
빛을 건네고 받으며
아침과 저녁을
맞는다

오늘도 밤은
오빠가 밝히고
낮은
동생이 비춘다
하루 밤낮이
오빠와 동생 사이를
잇는다

四. 예술

1

아
름
다
움 [美]

사람은 아름다운 것을 찾고 만들려고 한다
아름답다고 여기는 것에 마음을 빼앗기기도 한다
아름다움을 추구하는 모습과 신앙은
사람과 다른 생명체를 구별하게 하는 두드러진
특성 가운데 일부이기도 하다

①

②

③

① 금으로 글자와 무늬가 감입된 왕자간과(王子干戈), 춘추시대, 문자박물관
② 선문첨저병(旋紋尖底甁), 마가요문화 전기(기원전 5000년~기원전 4700년), 감숙성박물관
③ 흑도관(黑陶罐), 용산문화(기원전 2500년~ 기원전 2000년), 국가박물관

사람은 아름다운 것을 찾고 만들려고 한다. 아름답다고 여기는 것에 마음을 빼앗기기도 한다. 또한 사람은 아름다운 것과 신앙을 관련짓는 경향을 보인다. 사람이 손에 넣은 귀하고 아름다운 것을 신에게 바치려는 태도는 고금과 동서를 가리지 않는다. 아름다움을 추구하는 모습과 신앙은 사람과 다른 생명체를 구별짓는 두드러진 특성 가운데 일부이기도 하다.

선사시대의 가장 이른 시기의 아름다운 작품은 석기이다. 석기시대 유적에서 실용성 여부와 관계없이 대칭과 균형의 미를 보이는 작품이 발견되는 이유를 어떻게 설명할 수 있을까? 갖가지 색으로 빛나는 아름다운 석영질 석기는 짐승을 잡는 데에 쓰기 위해서가 아니라 신에게 바치기 위한 것이었을 가능성이 크다.[1]

신석기시대 후기에 토기가 발명되자, 사람이 지닌 미의식은 토기를 통해 발현된다. 완벽한 곡선미를 자랑하는 토기에 아름다운 무늬를 그려 넣는 사례를 아시아와 유럽의 초기 토기문화에서 확인할 수 있다. 중국의 서북에서는 무늬를 넣은 토기가 만들어지지만, 동부 해안지대에서는 기벽이 달걀 껍데기처럼 얇고 외곽이 칠흑같이 검은빛으로 빛나는 토기들이 만들어진다.

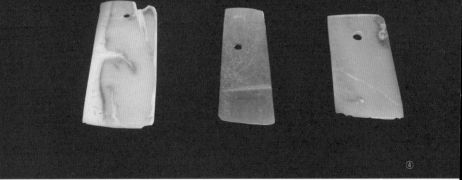

④ 옥제 도끼, 용산문화 만기(신석기시대), 섬서성고고연구원

⑤ 한자 명문(銘文)이 다수 새겨진 청동그릇 소유(召卣) 서주(西周) 소왕(昭王, 기원전 11세기 후반), 상해박물관

⑥ 증후을묘에서 출토된 동존반(銅尊盘), 전국시대(기원전 433년), 호북성박물관

⑦ 백자배(白磁杯), 수 대업 4년(大業, 608년), 섬서성고고연구원

히 돌로 만든 연장만으로 오랜 시간 공들여 다듬었을 게 분명한 ~~~ ~~~시대 미의식이 투영된 작품이다. 맑고 투명한 옥기에 가는 선을 넣어 신이한 영 ~~~ ~~ 한 옥기들은 하나하나에 장인의 의지와 인고忍苦의 시간이 짙게 스며 ~~~ 작은 돌기무늬로 가득한 신석기시대 후기의 어떤 옥기들은 완벽하게 다듬어내는 데에, 한 해 낮과 밤이 꼬박 바쳐졌을지도 모른다.

사람이 지닌 미의식은 그 시대에 가장 귀하게 여겨진 것, 종교·신앙적으로 쓸모가 큰 것에 투사되는 경향이 있다. 청동기시대에 가장 가치 있게 여겨진 물건은 청동기이다. 최고의 기술과 경험을 쏟아 만들어지는 청동기는 그 시대 사람이 지닌 미의식의 결정판이 될 가능성도 컸다. 가장 아름다운 청동기, 신조차 감탄하며 자신을 위한 제사에 사용하기를 바라는 청동기가 구상되고 만들어진다면, 사람으로서도 그보다 좋은 일은 없을 것이다.

중국 상나라 후기의 청동기들은 대부분 기괴한 무늬로 가득하다. 청동기 하나하나가 특정한 신들과의 대화를 온전히 담은 듯이 보인다. 술잔으로 쓰인 청동기들은 하나같이 빼어난 선과 균형미를 자랑한다. 장인은 자신의 능력 이상의 작품들을 세상에 내놓은 셈이다.

⑦

전국시대 호북 지역 소국小國 제후이던 증후曾侯 을乙의 묘에서 출토된 청동기들은 너무나 정교하여 보는 이들이 벌린 입을 다물지 못하게 한다.[2] 소름 끼치도록 정교하여 흉내 낼 엄두조차 낼 수 없는 이런 작품들을 만들어내기 위해 투입된 비용과 인력은 상상하기조차 어렵다. 소국이던 증국曾國은 제후 을의 묘에 수장된 청동기들을 만들어내는 데에 국력을 다 쏟아 부었을 수 있다.

중국에서는 서주西周 후기부터 문자에도 미의식이 투영되는 듯이 보인다. 한자의 조형에 해당하는 글자들이 상대商代 갑골문甲骨文에서 문장을 이루고, 서주 후기에 더 다듬어진 모습으로 금석문金石文에 쓰이면서 나타난 현상이다. 문자가 지니는 전달력에서 신이한 기운을 느껴서인가? 청동기에 새겨진 기록이 풍겨내는 특이한 기운은 문자가 신앙의 대상으로 자리 잡는 과정을 잘 보여준다고 할 수 있다.

철기시대가 시작되자 청동기에 쏟아졌던 기술적·미적 의지는 새로운 대상인 철제 무기와 도구를 향한다. 강철로 만든 왕과 귀족의 검에 금으로 정교한 장식무늬를 감입嵌入하는 것도 그런 과정으로 볼 수 있다. 한대漢代에 본격적으로 생산되고 제후와 귀족들의 삶과도 밀접해지는 비단과 칠기漆器도 장인들이 아름답게 장식하려는 의지를 쏟았던 기물器物에 속한다. 한나라 시기 특유의 긴장된 곡선으로 가득 채워진, 매미 날개처럼 얇고 투명한 비단과 가벼우면서도 화려한 칠기는 한 시대를 풍미했던 기술과 미가 하나 된 상태를 잘 보여준다.

개인, 집단, 민족마다 아름답다고 느끼는 대상과 내용은 다를 수 있다. 환경과 생업이 다르고, 역사적 경험에서 차이가 있을 수 있기 때문일 것이다. 공간을 장식으로 가득 채운 상태를 아름답다고 여기는가 하면, 한두 가지만 두고 공간을 비워 놓아야 아름답다고 느끼기도 한다. 금빛이나 붉은빛 장식에 넋을 잃는가 하면, 녹색으로 가득하면 감탄사를 연발하기도 한다. 달걀처럼 갸름하면서도 작은 얼굴이 예쁘다는 이도 있고, 넓고 편안하며 후덕한 얼굴에 높은 점수를 매기는 이도 있다. 도마뱀이나 거미를 보며 아름답다는 말을 연발하는 사람도 있고, 그런 종류의 짐승과는 아예 마주치지도 않으려는 이도 있다.

그러나 개인적·집단적인 차이에도 불구하고 각 민족에게는 '아름다움'을 가리키는 말이 있다. 아름답다는 말에 성스럽다는 뉘앙스가 깔리거나 덧붙은 예도 있고, 두 말의 어원이 같거나 한 말에 두 의미가 모두 담긴 예도 있다. 아름다움과 신앙이 함께 가는 경우가 많은 것도 이 때문인가?

아름다움 /

텅 비어서 깊다고 한다
가득 차서 풍성하다고 한다
손대지 않아 자연스럽다는 이가 있다
더 손댈 수 없게 깎고 다듬어 완벽하다는 이가 있다
어떤 이는 칠흑 같이 검은 머릿결에 눈길을 주고
어떤 이는 밝고 환한 황금빛 머리카락에 감탄한다

너는 옳고, 나는 그른가
나는 바르고, 너는 빗겨 갔는가
균형을 지나면
불균형을 만나고
생것 너머에
익은 것이 있다

네 눈에 든 것과
내 마음에 담은 것이
만나는 지점이 있다

2

春[舞]

사람들은 신을 위해 춤을 추었다
신이 내린 흥을 신에게 온몸으로 보여주었다
신석기시대의 집단적인 춤은 신에게 드리는 복종의 표시요
신이 내린 은혜에 감사하는 몸짓이었다

① 선금의도무용(線襟衣陶舞俑), 전한, 국가박물관(서주박물관 소장) ② 춤, 북위, 산서성박물원

③

④

⑤

예술은 신 앞에서 시작되었다. 그림이 그렇고, 악기 연주와 춤이 그렇다. 사람들은 신을 위해 춤을 추었다. 신이 내린 흥을 신에게 온몸으로 보여주었다. 신석기시대의 집단적인 춤은 신에게 드리는 복종의 표시요, 신이 내린 은혜에 감사하는 몸짓이었다.

청동기시대 중국의 궁중에서는 장중한 음악에 맞춘 고요하고 절제된 몸짓이 좋은 춤으로 여겨졌다. 궁중무宮中舞나 제의무祭儀舞는 요란스러운 악기 연주에 맞춘 경쾌하고 율동적인 민간의 춤과는 달랐다. 상나라의 제례에서 연주된 편경編磬과 편종編鐘 소리는 빠르고 힘 있는 민간의 그것과는 달랐다. 이런 종류의 악기 연주에 맞추어 술과 음식이 신에게 올려지고, 사람과 짐승이 희생되지 않았겠는가?

무겁고 느린 연주와 제례는 춘추·전국시대에 중국 각지에서 펼쳐진 무분별에 가까운 전쟁 속에서 설 자리를 잃어갔다. 단단하고 날카로운 철기로 무장한 병사들이 출몰하는 곳에서 아름답고 부드러우며 여유 있는 몸짓을 보이기는 어려웠다. 음악과 춤이 신을 위해 신 앞에서 펼쳐지던 시대는 이미 저물고 난 뒤였다.

전국시대의 격렬한 전쟁이 마무리되고 진·한 통일제국이 출현하자 각종 제도가 정비되고 자리 잡게 되었다. 어느 사이엔가 춤과

③ 부고설창용(缶鼓說唱俑), 후한, 국가박물관
④ 무용(舞俑), 전한, 감숙성박물관
⑤ 연악무용(燕樂舞踊), 당, 대당서시박물관　　　　　四. 예술 177

⑥

⑦

⑧

음악은 신이 아닌 왕과 제후, 귀족과 백성들이 즐기는 예술 활동이 되어 있었다. 저잣거리에서는 수시로 경쾌한 음악, 빠른 율동의 춤이 선보였고, 제후와 귀족들도 잔치 자리가 마련되면 이런 춤과 음악을 즐기고 있었다. 물론 궁중 제례에서는 여전히 무겁고 느린 음악과 천천히 몸을 돌리며 긴 소매를 너풀거리는 춤이 펼쳐졌다. 하지만 이런 소리와 몸짓은 이미 사람들의 관심 바깥으로 밀려나 있었다. 한나라 화상석에 묘사된 반고무盤鼓舞는 여러 개의 반고 위를 뛰어 건너다니며 추는 춤으로 이 시대 사람들이 즐기던 춤 가운데 하나였다.[3]

위진남북조시대의 중국에는 중원 바깥 세계에서 여러 종류의 음악과 춤이 들어와 귀족과 백성들 사이에서 유행하였다. 인도와 중앙아시아 출신 불교 승려가 잇달아 동방세계에 들어오면서 서역西域의 관념과 문물도 중국에 전해졌다. 승려, 상인, 용병으로 중국에 들어온 소그드인은 자신들이 즐겼던 빠른 연주에 맞춘 춤을 전했고, 이때 전해진 소그드 계통의 가무歌舞는 뒤이은 수당隋唐시대에도 중국의 주요 도시에서 유행했다.

사마르칸트, 타슈켄트 등 소그드인들의 도시국가에서 유행하던 호선무胡旋舞는 원반 모양의 작은 양탄자 위에서 빠른 속도로 몸을 돌리며 추는 춤으로 비파 연주가 곁들여지는 경우가 많았다.[4] 소그드인들이 정착한 중국의 대도시 장안을 비롯해 주요 도시에서는 호

⑥ 호선무(胡旋舞), 당(武周, 690년~705년), 무덤문 석각, 고원시박물관
⑦ 호등무동인(胡騰舞銅人), 당, 장액박물관
⑧ 반고무(盤鼓舞)와 곡예, 한 화상전, 중경중국삼협박물관

선무가 자주 공연되었다. 호선무를 앞세운 소그드인들의 빠르고 흥겨운 춤은 남북조시대와 수당시대의 중국에서 한국, 일본에도 차례로 전해졌다.

호선무와 같은 외래의 춤은 위진남북조시대의 중국 북조北朝 국가들을 중심으로 활발히 펼쳐진 실크로드 무역의 산물 가운데 하나였다. 이외에도 여러 종류의 춤과 음악이 중국에 소개되면서 수당시대의 중국은 동아시아와 서아시아 문물이 섞이며 새로운 문화가 꽃피는 장소로 재탄생했다.

다양한 갈래를 보이던 위진남북조시대의 음악과 춤은 통일제국인 수나라 때 국가에 의해 청상기淸商伎, 서량기西涼伎, 고려기(高麗伎, 고구려), 천축기天竺伎, 안국기(安國伎, 부하라), 구자기(龜玆伎, 쿠차), 문강기文康伎의 7부기로 1차 정리되었고, 소륵기(疏勒伎, 카슈가르)와 강국기(康國伎, 사마르칸트)가 더해져 9부기로 재정리되었다. 9부기의 대상이 된 지역과 나라를 모두 영역 안에 포함시킨 대제국 당나라는 문강기를 제외하는 대신 연악기燕樂伎와 고창기(高昌伎, 투르판)를 더한 10부기를 완성시키며 세계제국으로서의 면모를 과시했다.

춤

고요히 천천히
팔은 겨우 들고, 발끝은 살짝 틀며
머리는 숙여 두 소매 사이로 가린다
문득
내 몸짓 보는 신이 얼굴을
돌리며
먼 산에 눈길 준다는
느낌을 받는다

박자가 너무 빠르다
여덟 개 반고 사이
뛰며 밟고 다니기에는
리듬이 너무 밭다
숨이 턱에 차고, 겨드랑이며 목으로
땀이 차 흘러내린다

이 좁은 양탄자 위에서
돌고, 또 돌며
처음
연습하던 때
머리가 어지러워
방향을 알 수 없던
그 순간을
떠올린다

그래; 그냥 편하게
팔다리 흔들다가
이리 뛰고, 저리 뛰며

마주 서며 눈 찡긋하는 네게
함박웃음 보내는 게
맘 편하고
좋구나
학처럼 나래 펴고
큰 걸음으로 한 바퀴
도는 게
좋구나

3

색色

무엇에든 색을 입힐 수 있다면
그것은 색으로 말미암아 고귀한 것이 된다
가치 있다고 인정받는다

① 병사용(兵士俑), 진(秦), 진시황제릉문물진열청

진시황 병마용이 처음 발견되고 발굴이 진행되는 동안 발굴을 진행하던 이들은 흙 속에서 모습을 드러내는 순간 총천연색이던 병사용이 순식간에 회색빛 도제 인형이 되는 이유가 무엇인지 알지 못했다. 2천 년 이상 어둠 속에 있다가 갑작스럽게 강한 빛을 받으면 아름다운 빛깔로 병사의 전신을 장식하던 각양각색의 칠(漆)이 바스러져 가루가 되어 떨어져 나간다는 사실을 알게 된 것은 상당수의 도용이 발굴된 뒤였다. 이후 지금까지 계속되고 있는 진시황 병마용 발굴은 밤에 낮은 조도의 조명등을 이용하여 이루어지고, 도용 노출 즉시 비닐에 감싸인 뒤 보존과학실로 옮겨진다고 한다.

② 병사용(복제복원), 진(秦), 진시황제릉문물진열청

기독교 구약성경의 창세기에는 야곱이 요셉에게 채색옷을 지어 입힌 까닭에 형들로부터 미움을 받게 되었다는 이야기가 나온다.[5] 고대사회에서 채색옷은 왕공과 귀족만 입을 수 있는 옷이었다. 백성들은 입을 엄두도 내지 못했다. 혹 어찌어찌 구해 입었다면, 그는 신분을 넘어서려 했다는 죄목으로 붙들려가 감옥에 갇혔을 것이다.

고대사회에서 색은 신분과 지위를 나누는 기준점으로 여겨졌다. 평범한 백성에게 허용된 것은 검은 옷과 흰옷이었다. 희고 검은 옷은 비싼 천연 염색을 거칠 필요도 없고 물이 바래지도 않으니 작년입은 것이나 올해 입은 것이나 구별되지 않는다. 귀족이 검거나 흰옷을 입는다면, 그는 죄인이 되었거나 더는 귀족으로 행세할 수 없게 되었기 때문이다.

무엇에든 색을 입힐 수 있다면 그것은 색으로 말미암아 고귀한 것이 된다. 가치 있다고 인정받는다. 고대사회에서 신분과 지위를 넘는 행동이 특별히 허용되는 때는 결혼할 때와 장례를 지낼 때, 갓난아기의 백일이나 돌잔치 때다. 당사자에게 일생에 한 번 있는 일이니 사회적으로도 용인되었다. 백성의 아이라도 돌 때는 귀족 도련님의 복장을 하고, 평범한 총각과 처녀라도 결혼할 때는 고위관

리 부부의 복식으로 맞절을 할 수 있었다.

　사당이나 무덤을 장식할 때 색을 넣지 않는다면 무례한 일이며, 불효不孝 중의 불효다. 돈이 들더라도 장례에 쓰이는 온갖 것에는 가능한 많은 색을 넣고, 사당과 무덤의 문, 벽, 천장은 갖가지 좋은 그림으로 장식해야 했다. 물론 죽죽 선만 긋고, 간결한 모양으로 조각만 해서는 안 될 것이다. 갖가지 색으로 장식하는 게 상식이다. 특히 영원과 생명을 상징하는 금빛과 붉은빛은 가능하면 많이 넣는 게 좋다.

　고대 중국에서는 금빛은 금가루를 넣어 만들고 붉은빛은 주사朱砂를 넣어 만드는 게 최고였다. 비싼 주사를 넣기가 부담되면 수은

③ 가을신 욕수(蓐收), 후한 화상석, 섬서성고고연구원
④ 채회석불(彩繪石佛), 북제, 국가박물관

한나라 시기에 수없이 많이 제작된 화상석 역시
대부분 빈틈없이 채색된 상태였으나
한의 멸망 이후 역대 왕조에서 여러 차례 발굴되고
후대의 사당 등에 재활용되면서 채색이 모두 사라지게 되었다.
산동이나 하남지역의 화상석과 달리
상당 기간 온전히 보존되다가 새롭게 발견·발굴된
산서 및 섬서 북부 지역의 일부 화상석에는
지금도 처음 제작 당시의 채색이 잘 남아 있다.
석굴사원의 불상이나 개별적으로 전하던 소조 불상들도
본래는 모두 채색되어 온전한 모습이었음을
몇몇 남은 유적, 유물로 확인할 수 있다.

⑤ 육박(六博)놀이에 열중한 선인(仙人), 한, 미국 메트로폴리탄미술관
⑥ 여무용(女舞俑), 당, 산서성박물원

을 섞어 넣어도 된다. 어두운 사당이나 무덤 속에서도 밝게 빛나고 오래 윤기가 유지될 수 있게 해야 했다. 습기에 쉽게 녹아내리지 않게 하려면 곱게 갈아낸 돌가루를 섞어 만들었다.

색이 가치와 의미를 지닌 것이라면 종교적인 숭배의 대상은 좀 더 화려하게 채색해야 하지 않겠는가? 지금은 빛이 바래고, 더는 채색이 이루어지지 않아 무채색의 질감을 자랑하는 경우라도 모든 신상은 빈틈없이 채색된 상태였다. 얼굴은 금빛으로, 옷은 붉은빛으로 장식되는 게 일반적이었다. 물론 신상의 등급이 떨어지면 붉은색 계열이라도 등급이 떨어지게, 따뜻한 기운만 느껴질 정도로 채색되기도 했을 것이다.

붉은빛 계열에서 가장 고급스러운 것은 동지중해 해안의 뿔고둥에서 원료가 채취되는 자줏빛이다.[6] 황제와 미친 사람만 걸쳤다는 자줏빛 망토는 최고가의 염색을 거친 옷감으로 만들었다. 중국에서는 주사를 원료로 빚어낸 선혈처럼 붉고 진한 홍색이 최고로 여겨졌다. 물론 영원성을 자랑하는 금빛은 이 모든 색을 넘어선다.

금은 청동이 만들어지기 이전, 발견과 제련이 이루어진 금속이다. 신석기 문명이 고도로 발달한 지역에서는 금을 얇게 펴 죽은 이의 얼굴에 씌우기도 했다. 금은 발견되던 그 순간부터 영원의 상징이었다.

색   형형색색
          하늘은
  /   귀하신 분에게는 색을 주었다
          무지렁이는
          그저 희고 검다

          비 내린 뒤
          하늘을 가로지르는 무지개를 보며
          신은
          색도 무한정 쓴다며
          부러워할 뿐이다

          형형색색
          귀하신 분을 모시면
          색동옷도 구경할 수 있다
          무지렁이는
          시집, 장가가고
          죽어서 저승길 떠날 때만
          그저 잠깐 입어볼 수 있는 그 옷

          어쩌다 하늘에
          오색구름 걸리면
          올해는 풍년인가?
          신이 내릴
          은혜만 구할 뿐이다

4

구름과 기운

고대 중국인에게 구름은 신비로운 기운의 덩어리이자
손오공이 타고 다녔다는 근두운처럼
그 위에 어떤 것도 실을 수 있는 마법의 양탄자 비슷했다

① 운문(雲紋) 화상전, 위진, 장액박물관

문명의 향상은 호기심에서 비롯된다는 말이 있다. 선사시대 사람들에게 가장 신비로웠던 것은 구름, 비, 번개와 천둥 같은 자연현상이었을 것이다. 그런 현상의 배후이자 배경으로 여겨진 하늘과 별, 해와 달은 신비에서 한 걸음 더 나아간 신앙과 경배의 대상이었을 것이다.

구름이 무엇인지는 현대과학으로 일목요연하게 설명할 수 있다. 그러나 지금도 구름은 낭만적 감성의 대상이고, 상상적 세계의 원천이다. 저 먼 우주를 향한 사람의 눈길에 처음 들어오는 것이 바로 하늘의 구름 아닌가?

고대 중국인에게 구름은 신비로운 기운의 덩어리이자 손오공이 타고 다녔다는 근두운觔斗雲처럼 그 위에 어떤 것도 실을 수 있는 마법의 양탄자 비슷했다. 만년설이 얹힌 높은 산 중턱의 구름은 말 그대로 속세와 신선경의 경계요, 두 세계 사이에 놓인 다리이기도 했다. 다만 누구나 쉽게 그 다리 위로 올라서지는 못했다.

② 구름기운 도형으로 장식된 채회도관(彩繪陶罐), 대전자문화(기원전 2700년~기원전 2450년), 내몽골 오한기
박물관 ③ 구름기운으로 덮인 청동 제기 감지기하운문동돈(嵌地幾何雲紋銅敦), 호북성박물관 ④ 운기화생과
연화화생이 이루어지는 공간을 배경으로 삼아 악기 연주에 몰두하는 기악천(伎樂天), 남조 화상전, 국가박물관

중국의 선사·고대 예술에서 구름은 천변만화千變萬化하는 신비로운 기운의 덩어리로 그려졌다. 토기와 옥기, 청동기에는 갖가지 방식으로 생동하는 기운이 형상화되어 있다. 구름에서 비롯된 이 형상들이 언젠가부터는 온 세계에 가득 차 있는 신비로운 기운의 움직임으로 인식되고 묘사되기 시작한다.

음양오행설陰陽五行說은 중국의 춘추·전국시대에 음양가陰陽家 추연鄒衍에 의해 체계화되어 한나라 때에 크게 유행했다. 음양오행설도 기운에 대한 인식이 우주론으로 발전한 경우라고 할 수 있다. 중국의 춘추·전국시대와 진한秦漢 시기에 만들어진 갖가지 기물器物 가운데에는 구름 기운으로 장식된 것이 적지 않다. 장례의식에 사용된 기물도 마찬가지다. 하남 밀현 타호정한묘 내부처럼 죽은 이의 몸을 누이고, 저세상 삶에서 소용되는 온갖 물건을 담은 관곽棺槨을 비롯하여 무덤칸의 벽과 천장까지 온통 기운의 흐름으로 채워진 예도 있다.

한나라 이후, 구름에서 비롯된 기운생동氣運生動의 표현은 '운기화생雲氣化生'이라는 관념이 널리 퍼지게 한다. 모든 생명과 무無생명이 운기[구름기원]에서 비롯된다는 이 관념을 바탕으로 위진남북조시대에는 운기화생을 형상화하는 관습이 크게 유행한다.[7] 이 관념은 정토淨土의 모든 존재는 연꽃을 자궁으로 삼아 태어난다는 불교의 연화화생蓮花化生이라는 관념에 자극받아 생긴 것으로 보인다.[8]

운기화생은 남북조시대의 중국에서는 예술적 사고와 조형에 주요한 동력원으로 쓰인다.

남조南朝 화상전에서 볼 수 있듯이 남북조시대 중국의 예술에서는 운기화생론과 연화화생론이 한 작품에 섞여 표현되는 사례도 적지 않다. 이는 선·불仙·佛 혼합적 사고를 자연스럽게 받아들이던 당대의 사고와도 관련이 있다고 할 수 있다. 정치 현실에서는 도교와 불교 세력의 충돌과 상호 배척이 일어났을지라도 귀족과 관료, 백성들의 일상에서는 종교신앙의 혼합이 큰 문제가 되지 않았기 때문일 것이다. 재해災害와 전쟁이 끊이지 않는 세상에서 하루의 삶을 위로받고 한 끼 식사나마 온전히 마칠 수 있다면 불교의 붓다에게 절을 하든, 도교의 천존天尊에게 빌든 무슨 상관이란 말인가?

새
구
름
무
늬

／

새털 모양이어서 새구름무늬요?
새와 구름과 무늬요
생명을 안은 기운이 구름처럼 모여
구름기운이 되고
사람의 눈엔
기운인지, 구름인지, 머리에
부리가 있고 벼슬이 있어
잇고 이으니
새구름무늬라 한다오
무늬로 보이는 게 구름인지, 기운인지
그건 지금도
모르오

구
름

/

구름이 솜사탕과 하나였던 때
이름도 구름과자였다
손오공이 근두운을 타는 바람에
솜사탕이 양탄자가 되었다

어느 날부턴가 구름은
과자도 양탄자도
안개도 아지랑이도 아니었다

산들거리는 구름 사이로
걷던 아이가
말했다
엄마, 구름은 제가 누군지 모른대
그래서 양도 되었다가
호랑이도 되고
어떤 땐, 뭉게뭉게
그냥 피어오르다가 햇빛을 만나면
산 너머로 숨는대

五.

일상

1

화
장 化粧

성당 시대에 유행한 패션은
다양하고 화려한 복식과 화장
머리 모양을 통해 알 수 있다
화장법과 머리 모양에 대한
전문서적이 여럿 출간될 정도로
당대唐代 여인의 단장은 화려했다
이 시대에는 남자들도
상당수가 화장한 모습으로
장안의 거리를 활보했다

①

②

중국 역사에서 당唐나라 시기는 한漢의 멸망 이래, 삼국으로의 분열, 서진西晉의 짧은 통일기 외, 5호16국시대에서 남북조로 이어지는 수백 년 동안의 분열을 끝내고, 통일제국이자 세계제국으로 발돋움했던 시기이다. 중국에서 춘추·전국의 분열을 마무리 지은 나라는 진秦이지만 그로 말미암은 수혜를 입은 나라는 한나라이듯이, 남북조를 통일한 나라는 수隋였지만 그로부터 비롯된 번영을 구가한 나라는 당이다.

현대 중국이 내세우는 구호 가운데 하나가 성당盛唐 재현인 것은 전성기의 당이 보여주었던 번영과 개방성이 국제적으로도 평가가 높았던 까닭이다. 성당 시기 수도 장안은 세계도시였고, 세계의 모든 종족과 물산을 만날 수 있는 세상의 중심이었다. 온갖 인재가 모이던 도시였고, 각종 유행을 선도하는 곳이기도 했다.

성당 시대에 유행한 패션은 다양하고 화려한 복식과 화장, 머리 모양을 통해 알 수 있다. 화장법과 머리 모양에 대한 전문서적이 여럿 출간될 정도로 당대唐代 여인의 단장은 화려했다. 이 시대에는 남자들도 상당수가 화장한 모습으로 장안의 거리를 활보했다.

이 시대 남녀가 화장하는 과정은 다음과 같다.[1] 우선 찹쌀가루에

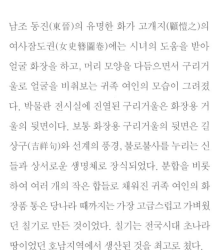

남조 동진(東晉)의 유명한 화가 고개지(顧愷之)의
여사잠도권(女史簪圖卷)에는 시녀의 도움을 받아
얼굴 화장을 하고, 머리 모양을 다듬으면서 구리거
울로 얼굴을 비춰보는 귀족 여인의 모습이 그려졌
다. 박물관 전시실에 진열된 구리거울은 화장용 거
울의 뒷면이다. 보통 화장용 구리거울의 뒷면은 길
상구(吉祥句)와 선계의 풍경, 불로불사를 누리는 신
들과 상서로운 생명체로 장식되었다. 분합을 비롯
하여 여러 개의 작은 합들로 채워진 귀족 여인의 화
장품 통은 당나라 때까지는 가장 고급스럽고 가벼웠
던 칠기로 만든 것이었다. 칠기는 전국시대 초나라
땅이었던 호남지역에서 생산된 것을 최고로 쳤다.

납, 활석, 백토 등의 가루를 더하여 만든 백분白粉을 얼굴과 목에 고루 바른다. 귀부인들의 경우, 당연히 시녀가 이 일을 담당했다. 이것을 부연분敷鉛粉이라고 했다.

사실 이 시대에는 시부詩賦를 읊고 다니는 멋쟁이 남자들도 옷깃에 덮이지 않는 모든 부분, 곧 얼굴 외에 반소매 옷으로 노출되는 팔꿈치 위까지 백분을 발랐다. 작은 백분통을 지니고 다니다가 땀으로 백분이 지워지면 그 자리에 덧발랐다.

얼굴을 백분으로 덮은 다음에는 두 볼에 홍분紅粉을 크고 둥글게 발랐다.² 말연지抹胭脂이다. 붉은색 연지(臙脂, 胭脂)는 홍람紅藍으로 불리는 식물을 재료 삼아 돼지기름 혹은 소의 골수를 버무려 만들었다.

홍점 넣기를 마치면 양쪽 눈꼬리 끝에서 조금 떨어진 관자놀이에 붉은 연지로 초승달이나 반달 모양으로 무늬를 넣었다. 이것이 묘사홍描斜紅이다.

볼 화장을 마무리한 다음에는 눈썹먹인 나대螺黛나 석대石黛로 눈썹을 그렸다. 화대미畵黛眉이다. 그리는 눈썹 형태는 시대에 따라 유행이 달랐다. 초당初唐부터 만당晚唐까지 열여섯 가지 이상의 눈썹 형태가 나타나는데, 얇아지다가 굵어지고, 끝이 가늘어지다가 두터워지며, 길이가 짧아졌다가 길어지는 등 일정한 방향성을 보이는 것은 아니다.

③ 채회유모여기용(彩繪帷帽女騎俑), 당(657년), 섬서역사박물관
④ 채회여용(彩繪女俑), 당, 서안박물원
⑤ 채회여용(彩繪女俑), 당, 섬서역사박물관

눈썹을 그린 뒤에는 입술에 동그랗게 붉은 연지를 넣어 입술을 실제보다 더 작고 도톰하게 보이게 했다. 이것을 도순지塗脣脂라 했다. 오늘날도 여성들이 휴대폰으로 자신의 모습을 찍을 때 입술을 도톰하게 보이도록 약간 모아 내미는데, 중국에서는 늦어도 당나라 때에는 연지로 도톰한 입술을 만들어냈던 셈이다.

도톰해진 입술 양 끝에는 붉은 연지로 진주알 크기의 볼 보조개, 곧 면엽面靨을 넣었다. 첩면엽貼面靨이다. 현대의 연예인들 사이에도 유행하는 일종의 매력점이라고 할 수 있다.

마지막으로 이마 한가운데에 화전花鈿이라는 꽃무늬를 그렸다. 첩화전貼花田이다. 꽃무늬 역시 시대에 따라 색깔과 형태가 매우 다양했다. 꽃 형태로 그리는 게 일반적이었지만, 특정한 기호를 연상시키는 모습으로 그리는 이들도 적지 않았다. 꽃잎의 수도 세 개에

⑥ 칠기(漆器) 화장품 통, 전한, 호남성박물관
⑦ 구리거울(사유사리동경四乳四螭銅鏡 앞면,
신인서수문동경神人瑞獸紋銅鏡 뒷면), 전한, 양주한묘박물관

202

서 여섯 개까지 다양했고, 사용하는 색도 녹색, 푸른색, 감청색, 붉은색, 금빛 등 여러 가지였다.

이처럼 그리 간단치 않은 기본 화장이 끝나면 머리를 다듬었다. 역시 시대마다 유행이 있었다. 보통은 풍성하게 보이게 하려고 가발을 더하는 경우가 많았다. 귀밑머리를 다듬는 방식조차 시대에 따라 유행이 달랐다. 초당 시기에는 단순히 귀 앞에서 깔끔하게 빗어 내린 뒤 귀 뒤로 넘기는 정도였지만, 성당 시기부터는 귀밑머리를 빗어 내린 뒤 귀밑을 감고 올라오게 하거나, 아예 귀 앞으로 빗어 내려 머리가 귀를 살짝 덮게 하는 등의 방식으로 변화를 주었다.

유물로 남아 전하는 당대의 여인상을 보면 볼 연지를 바르는 정도가 지나쳐 연지가 눈 주위까지 올라오는 사례가 있다. 이마가 아닌 볼에도 꽃무늬를 넣되 서로 다른 색으로 볼마다 두 개씩 넣기도 했다. 당나라 장안의 멋쟁이 남녀는 궁궐이나 귀족 집 정원에서 열리는 모임에 나갈 때는 서로의 얼굴을 보며 경쟁적으로 화장의 정도를 더했던 듯하다. 당대 복식과 화장은 성당 시기인 현종玄宗 개원의 치(開元之治, 713~741) 직후 양귀비가 등장할 즈음 유행의 절정에 이르렀다. 현종 통치 후반기에 일어난 안사安史의 난(亂, 755~763) 이후, 당이 긴 쇠퇴기에 접어들자 장안의 봄 역시 종말을 고하게 되었다.

화
장

/

새 얼굴이 나온다
눈빛만 그대로다

희디흰 찹쌀가루가 한 겹
붉디붉은 홍화씨 가루가 한 덩어리
볼에는 붉은 달이 뜨고
미간에는 삼색 꽃 한 송이 핀다

머리 만지는 데, 한 시간
옷 고르는 데, 한 시간
귀걸이며 팔고리 걸고 달며 감상하는 데, 한 시간
그러나 얼굴 다듬는 데는 세 시간

새 얼굴이 나온다.
나도 보지 못한 얼굴이
거울 안에 뜬다
볼 살이 붙은 통통한 볼이
붉은 달 올린
백설기처럼 돋았다

2

모
자 [冠]

고금동서古今東西, 모자는
직업과 종족, 신분을 나타내는 지표로 사용되었다
중국과 한국 등 동아시아 지역에서도
모자는 남자들의 상투 튼 머리를 가리는 동시에
신분과 직업을 알리는 도구였다

① 벙거지 모양의 모(帽)를 쓴 낙타 마부, 북위(484년), 대동시박물관

(고려高麗, 고구려) 사신이 국도國都에 있을 때 중서랑中書郎 왕융王融이 희롱조로 말하기를, "입은 것이 잘 맞지 않으면 그것이 몸의 재앙이라 했는데, [그대] 머리 위에 얹혀 있는 건 무엇이오?" 하니, 사신이 "이게 바로 옛 고깔[弁]의 잔영이라오"라고 답했다.[3]

남제南齊의 중서랑 왕융王融은 고구려 사신이 머리에 쓴 절풍折風이 희한하게 생긴 모자라고 놀렸고, 고구려 사신은 오랜 역사를 자랑하는 모자 변弁도 알아보지 못하고 잘난 체하는 한족 관료의 짧은 식견을 점잖게 나무랐다.

고금동서古今東西, 모자는 직업과 종족, 신분을 나타내는 지표로 사용되었다. 중국과 한국 등 동아시아 지역에서도 모자는 남자들의 상투 튼 머리를 가리는 동시에 신분과 직업을 알리는 도구였다. 고깔 형태이고 챙이 좁거나 없는 모자는 유목이나 수렵에 종사하던 중앙아시아 및 동아시아 북방 지역 민족들이 즐겨 썼다. 이와 달리 운두雲頭가 낮고 편평한 모자는 중국 농경사회의 관료와 귀족들에게 선호되었다.

주周나라 때 왕과 귀족이 머리에 쓴 관은 머리 덮개 위에 나무판을 올리고 판의 앞뒤에 술을 늘어뜨린 면冕, 위가 둥글면서도 뾰족한 변弁, 두 종류가 있었다. 관冠은 모자에서 끈을 늘어뜨려 턱밑에서 매는 모자를 가리키는데, 면이나 변 모두 관이었다. 면류관冕旒冠으로도 불린 면은 술이 열두 개인 천자의 모자 곤면袞冕부터 술이 두 개인 대부의 현면玄冕까지 여러 종류가 있었다. 변은 사슴 가죽으로 만든 피변皮弁, 꼭두서니 빛깔의 가죽으로 만든 위변韋弁 등 담당하던 일의 내용이나 사용된 재료의 종류 등을 기준으로 여러 종류로 나뉘었다.

한나라 때의 문관들은 개책介幘으로 불린 뾰족한 운두의 책을 쓰고 그 위에 진현관進賢冠으로 불리는 모자를 머리에 썼는데, 관 위에 뿔처럼 솟은 장식인 양梁의 수로 등급을 나누어 알아보게 하였다.[4] 이 시대 무관들은 머리에 평상책을 쓴 뒤, 그 위에 무변대관武弁大冠이라는 모자를 썼다. 무관의 무변대관은 검정색 깁으로 만들었으며 할새의 꽁지깃, 담비 꼬리 등으로 장식을 만들어 덧붙였다.[5] 낮은 등급의 관리들은 머리에 책을 썼을 뿐 덧관을 사용할 수 없었다.

위진·남북조시대의 중국에서는 건巾이라 불리는 모자가 유행했다. 건은 천으로 머리를 감싸고 머리 뒤에서 묶는 형식의 모자이다. 이 건을 사각형으로 재단하여 앞쪽 모서리는 상투를 고정하는 데 쓰고 나머지 부분은 뒤로 묶어 늘어뜨린 것을 복두幞頭라고 하는데,

서역 사람의 모습인 낙타 마부와 상인으로 보이는
호인(胡人, 소그드인)이 머리에 쓴 것이
한족의 이방 민족이 쓰는 고깔 형태의 모자, 곧 호모(胡帽)로 부르던 모(帽)이다.
남북조시대의 관리들은 책이나 관을 쓰는 게 일반적이었다.

남북조시대 후기부터 유행하여 수당隋唐시대에 널리 쓰인다.

위진·남북조시대에는 턱 끈을 달아 사용하지 않고 쉽게 썼다 벗을 수 있는 모帽도 유행하였다. 본래 이 모는 중국 북방의 유목민족과 수렵민족이 즐겨 쓰던 모자이다. 북중국이 5호16국시대라는 분열기를 겪으면서 유목 및 수렵민족의 이동과 함께 북방에서 중국 내륙으로 전해진 복식의 일부이다. 모를 호모胡帽로 불렀던 것도 이 때문이다.[6]

사실 중국에서 관모로 불리는 다양한 형태의 모자도 본래는 귀족이나 관료만 쓸 수 있었으므로, 일반 백성 남자는 검은 두건을 머리에 써 상투를 가리는 게 고작이었다. 시대가 흐르면서 두건에서 유래한 건이 나라의 왕공·대신과 장수들이 쓰는 모자가 되는 과정도 흥미롭다. 모와 건이 유행하는 시대가 중국에서 호족胡族과 한족漢族의 융합이 이루어지고 상하귀천上下貴賤이 여러 차례 뒤섞이는 위진·남북조시대라는 사실도 눈여겨볼 일이다.

③ 머리에 관(冠)을 쓴 의장인물, 북제(559년), 하북박물관
④ 책(幘)을 쓴 문관 도용(陶俑), 북제(559년), 하북박물관
⑤ 농관을 머리에 쓴 관리[籠冠陶俑], 북제(571년), 산서성박물원
⑥ 검은 복두(幞頭)를 머리에 쓴 문리(文吏), 당(724년), 섬서성고고연구원

모
자

그대가 머리에 쓴 건
종족이오
그대가 머리에 올린 건
신분이오

아니오
내 머리에 올라앉은 건
직업이오
내 머리에 쓴 건
안전이오

당신은 머리에
아무것도 올리지 않았소
당신 머리에는
직업도 없고
신분도 없소

허허, 이 양반아, 난
그저 길 위에 있소
머리에 잠시 붙었던 건
다 바람에 날렸소
가족도 놓고, 세상에는
손톱만 한 미련조차 남지 않았소
난, 나를 매던
가는 끈마저 막 풀었다오

모
자
파
는
아
이

/

이것은 아니고 저것도 어색하네
나 같은
멋쟁이에 맞는 게 보이지 않네

이것은 어울리고 저것은 자연스럽네
하나같이 멋지고 내게 딱 맞네

100개를 쓰고 벗으며
투덜거리더니
또 100개를 쓰고 벗으며
맘에 들어 하네

어느 장단에 맞출지
갈피 잡지 못한 채
그저 바라만 보네

오늘
이 손님에게 붙잡혀
하루해를
보내는구나

3

술 [酒]

사람이 술을 마시면 처음에는 선비처럼 점잖다가
닭처럼 시끄러워지고, 마침내 원숭이처럼 까불며
오두방정을 떨기도 한다
처음 술이 만들어질 때, 선비와 닭, 원숭이의 피가
한 방울씩 들어갔기 때문이란다

① 음주관기(飮酒觀伎, 동이에 담긴 술 마시며 곡예와 음악, 춤을 즐기다), 후한 화상전, 국가박물관

중국의 옛 무덤에서는 술 항아리가 자주 발견된다.[7] 2018년 10월 하남성 낙양의 전한前漢시대 무덤에서 발견된 청동호靑銅壺 안에는 3.5리터 정도의 투명한 노란빛 액체가 담겨 있었다.[8] 발굴하던 이들 가운데에는 청동호에서 퍼져 나오는 맛있는 술 냄새에 정신을 뺏기고 잠시 일하던 손길을 멈춘 이도 있었을 것이다. 생전에 미처 다 마시지 못하고 남은 술을 저세상까지 들고 가려던 무덤 주인의 모습이 눈에 선하다. 이제 누가 2천 년이라는 긴 세월을 건뎌낸 이 술 항아리를 비울 것인가?

사람이 술을 마시면 처음에는 선비처럼 점잖다가 닭처럼 시끄러워지고, 마침내 원숭이처럼 까불며 오두방정을 떨기도 한다. 처음 술이 만들어질 때, 선비와 닭, 원숭이의 피가 한 방울씩 들어갔기 때문이란다. 중국인들이 입에서 입으로 전하는 술의 기원에 대한 재미있는 민담民譚 가운데 한 토막이다.

사실 사람만 술을 마시는 건 아니다. 아프리카 사바나의 어떤 원숭이들은 상습적으로 술을 마시는 술꾼이라 주민들이 술을 미끼로 이 원숭이들을 붙잡는다고 한다. 코끼리 역시 술을 즐겨 마시는 동물이다. 태국이나 인도에서는 술 취한 코끼리들이 난동을 부려 집

이 부서지거나 사람이 다치는 일이 종종 발생한다고 한다.

재미있는 것은 코끼리도 사람처럼 심하게 스트레스를 받으면 술을 찾으며, 술 취한 코끼리는 공격적이고 고립적인 경향을 보인다는 사실이다. 하루 한두 잔씩 마시는 술이 심장질환을 예방하고 간 기능을 향상시킨다는 연구 결과도 제시되지만, 술이 사회성 높은 존재의 사회 활동을 억제하는 기능도 있음을 눈여겨보아야 할 듯하다.

발굴된 유물로 보아 중국에서도 술은 이미 신석기시대 말에 섭취되고 있었음이 확실하다. 이때에도 단순히 음료로 즐겼다기보다 신에게 드리는 제사에 쓰려고 술을 빚어 그릇에 담았을 가능성이 크다. 청동기시대 초기에 만들어진 청동제 용기 가운데 주기酒器의 비중이 매우 높은 것도 술을 신의 음료로 여겼다는 간접적인 증거이다. 물론 제사를 마치면 제사를 주관한 사람들은 저들의 신이 이 음료를 즐겨 마셨다고 확신하며 주기에 담긴 술을 나누어 마셨음이 틀림없다.

② 용문고(龍紋觚, 용무늬로 장식된 청동 잔), 상 후기(기원전 13세기~기원전 11세기), 상해박물관 ③ 부경치(父庚觶, 부경이라는 글자가 새겨진 청동 잔), 서주 초기(기원전 11세기), 상해박물관 ④ 도배(陶杯, 도제 잔), 삼성퇴문화(기원전 5000년~기원전 3000년), 삼성퇴박물관 ⑤ 칠이배(漆耳杯, 칠기로 만든 귀잔), 전국시대 초(楚), 국가박물관

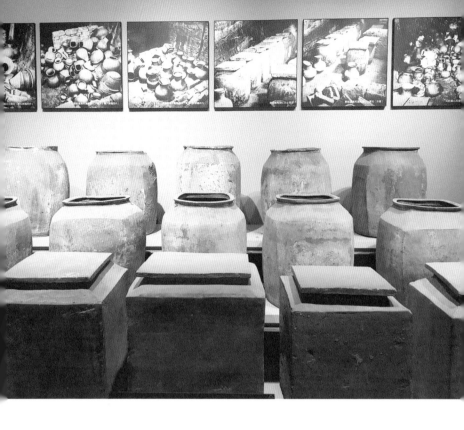

기원전 93년에 죽은 전한 경제의 아들, 중산정왕 유승은 43년 동안 제후왕으로 있으면서 술과 여색(女色)으로 세월을 보냈다. 유승 무덤의 유물 가운데 술꾼들의 눈길을 끌 만한 것도 있었으니, 칠기 술잔이나 청동제 술통 외에도 '甘醪十五石', '稻酒十一石' 등의 라벨이 붙은 서른세 개의 대형 술항아리이다. 물론 술은 항아리 바닥에 찌끼 상태로 남아 있었지만, 이 항아리들에 담겼던 술의 양은 5천 리터 정도라고 한다. 자식만 120명이었다는 유승의 후손 가운데 한 사람이 삼국시대 촉한(蜀漢)의 창업자인 유비(劉備)다.

⑥ 전한 제후 중산정왕 유승(劉勝)의 무덤에 묻힌 술항아리(陶酒缸), 전한, 하북박물관

중국의 왕조가 상商나라에서 주周나라로 바뀌며 나타난 가장 큰 변화는 제사용 예기禮器의 구성에서 식기食器의 비중이 높아진 일이다. 술그릇이 이전보다 적게 만들어지고 사용 빈도도 줄어들며 나타난 현상이다. 주대周代의 기록으로 확인되는 상 왕조의 평가 가운데 하나는 상나라의 지도자들이 술을 너무 즐기다가 나라를 잃었다는 것이다.[9] 상의 멸망과 관련된 고사성어로 주지육림酒池肉林이라는 말이 널리 퍼진 것도 이러한 평가와 관련되었다고 할 수 있다.

사실 상나라 지도자들이 자주 술에 취하게 된 이유는 점복占卜에 지나치게 깊이 의존하면서 너무 자주 제사를 지낸 까닭이다. 제사에 재화와 시간, 인력을 쏟아 붓다가 국가의 안녕을 제대로 돌보지 못한 것이다. 비옥한 평야를 중심으로 세워진 상나라가 신 중심의 제사에 국가의 운명을 맡겼다면, 상대적으로 척박한 땅이 기반이던 주나라는 착실히 부국강병富國强兵을 이루면서 차근차근 천하天下 제패를 준비했다고 하겠다.

시간이 흐름에 따라 술은 제사 후의 음복飮福이 아니라도 마실 수 있는 음료로 인식되었다. 술상 위에 덮여 있던 성스러움이라는 보자기가 벗겨진 것이다. 진한秦漢시대에 술은 일상에서 잠시 벗어나 흥을 돋우며 삶을 즐기는 음료가 되었다. 곡예와 춤, 악기 연주를 곁들인 자리에서 마시는 술은 조상 제사 뒤, 예를 차리고 마시는 한 잔보다 더 맛났던 것 같다.[10]

술

/

본성이 나온단다
선하고 악한 무엇
사람은
선하기도 악하기도 하단다

식초를 마셔도
주스나 커피를 마셔도
본성은 안에 그대로 있다
미워하면서도 웃고
좋아하면서도 찌푸린다
본성은 안에 숨어 있다

그런데 그놈은, 술은
안에 있던 그 무엇을 끄집어낸다
천천히 슬금슬금 잡아당긴다
버티던 본성이
마지못해 나오기도 하고
격하게 쏟아지기도 한다
고함지르며 정체를 드러내기도 하고
흐느끼며 모습을 보이기도 한다

희한하다
술은 다 나오게 한다
저도 안주와 같이 다시 나오고
마음도 나오고
쌓이고 쌓인 오래된
기억도
깊이 숨겨졌던

절대 내보이지 않으리라
결심하고 꽁꽁 싸두었던
처음 그 순간도 고개를 내밀게 한다

4

조
리 [炊]

상주商周 시기에 빈번히 행해진 제사는
음식의 재료를 다양하게 사용하게 했고
요리의 종류도 많이 늘렸다
청동기로 만들어진 음식 그릇의 종류는 다양했는데
그만큼 음식의 종류도 많아졌기 때문이다

① 디딜방아 찧는 여인, 북위, 대동시박물관

신석기시대의 중국에서는 기장이나 조, 수수 알갱이뿐 아니라 도토리 같은 산열매도 갈돌에 갈아 가루로 만든 다음, 속 깊은 그릇에 넣고 물을 부어 죽으로 끓여 먹었다. 물론 지금의 중국 음식과 같이 높은 온도로 순식간에 볶아내는 것이 당시의 기술로는 불가능했다. 높은 온도도 내기 어려웠고, 높은 온도를 견딜 수 있는 그릇을 만들 수도 없었다. 게다가 당시에는 요리용 기름도 만들지 못했다. 사실 이즈음의 기술 여건으로는 음식을 찌거나 끓이는 것도 상당히 오랜 시간 공을 들여야 했다.

중국에서 음식이 다양한 방식으로 조리되기 시작한 때는 청동기시대이다.[11] 특히, 상주商周시기에 빈번히 행해진 제사는 음식의 재료를 다양하게 사용하게 했고, 요리의 종류도 많이 늘렸다. 청동기로 만들어진 음식 그릇의 종류는 다양했는데, 그만큼 음식의 종류가 많아졌기 때문이다.

청동기시대의 제사에 사용되는 음식과 술은 청동 그릇에 담긴 그대로 조리되거나 데워졌다.[12] 청동으로 만든 력鬲이나 정鼎은 육류肉類를 삶는 데 쓰던 솥이고, 시루인 증甑은 곡식 중심의 재료를 찌는 데 사용되었다. 돈敦은 담은 음식을 데울 수 있게 만들어진 그

② 청동궤(靑銅簋), 춘추시대, 중국청동기박물관 ③ 청동시루와 국자(銅釜甑, 銅勺), 후한, 주천시박물관

④ 도제 부뚜막과 그릇, 국자, 한, 캐나다 온타리오미술관

⑤ 청동제 취사도구[수수동로구獸首銅爐具], 후한, 주천시 박물관

룻이다. 술그릇인 가爵, 술잔인 작爵도 아래에서 불로 데울 수 있게 만들어졌다.

　한나라 시기에는 이동용 부뚜막도 만들어져 야외에서 음식을 해 먹는 일도 자주 있었다. 상당한 규모의 연회가 열리는 야외에서는 음식 재료도 현장에서 다듬어졌고, 조리도 현장에서 이루어졌다. 한나라 때에는 부뚜막에서 굽고, 찌고, 삶고, 끓이는 데 더하여 볶는 요리도 가능해졌다.

　중국의 부뚜막은 순전히 요리를 위한 시설이었으므로, 순간 연소율을 높이는 방식으로 개량되었다. 부뚜막 아궁이의 방향과 굴뚝이 'ㅡ' 자를 이루게 하여 땔감이 빠른 속도로 연소하게 하였고, 이때 생기는 열이 올라오도록 뚫는 조리 구멍인 확도 두 개 이상 내어 한 번에 여러 종류의 음식을 만들 수 있게 하였다.

　오늘날 많은 중국인은 음식을 필요에 따라 그때그때 조리하여

⑥ 소도살(屠宰), 위진, 돈황박물관

먹는다. 겨울이 길고 춥지 않은 곳에서는 저장 음식이 그리 발달하지 않는다. 이런 곳에서는 차가운 저장 음식을 꺼내 빵이나 밥과 함께 먹는 일이 드물다. 중국 음식은 바로 조리하여 그대로 먹는 따뜻한 요리가 주류를 이룬다. 이웃한 한국이나 일본처럼 저장 음식이 발달하여 부뚜막 솥에서 방금 지어낸 따뜻한 밥과 미리 만들어둔 차가운 반찬을 조합하여 식사하는 것과 다르다.

전근대 중국의 일반 백성과 귀족은 먹는 음식의 종류와 가짓수가 달랐다. 평민들은 국수 한 그릇이나 만두 몇 개로 후다닥 한 끼를 때우는 게 일반적이었다. 하지만 귀족은 주방에서 조리하여 차례로 상에 올리는 여러 가지 요리를 천천히 음미하며 먹었다. 중국 요리가 재료를 썰고 자르는 방법부터 굽고 찌고 볶는 방식까지 다양한 변주를 보이며 조합되고 조리되는 것도 주방의 조리사에게는 제후와 귀족의 오늘 한 끼 상차림이 어제와 같아서는 곤란했기 때문일 것이다.[13]

조
리

/

정성 들여 다듬는다
높은 모자
고쳐 쓸 틈도 없다
삐죽 나온 머리카락 올릴 틈도 없다
코끝 땀방울 닦을 틈도 없다

벌건 불꽃 안에
파랗게 타오르는 심지
깊은 냄비 가운덴 기름이 방울지고
한 점 떨어진 비계 조각이
전병煎餅 가장자리처럼 바삭거린다

조금 전
싱싱한 채소였던 것이
빨갛게 빛나는 살점이던 것이
도톨거리며 탄력을 뽐내는 생선살이던 것이
맑은 샘물처럼 투명한 기름옷 입고
영롱한 진주알 되었다
속까지 비치는 유리그릇 되었다

5

그
릇 [器]

그릇은 사람이 직접 만들어낸 캔버스로서도 유용했다
나무를 깎아 만든 것이나, 갈대를 말려 엮은 것이나
바깥 면을 캔버스로 쓸 수 있었다

① 청동방이(青銅方彝), 상 후기(기원전 1300년~기원전 1046년), 캐나다 온타리오미술관

그릇은 사람이 직접 만들어낸 캔버스로서도 유용했다. 나무를 깎아 만든 것이나 갈대를 말려 엮은 것이나 바깥 면을 캔버스로 쓸 수 있었다. 하지만 흙으로 만든 그릇은 썩지도 부스러지지도 않는다는 점에서 더할 나위 없이 좋은 도화지였다.

바위에 그리거나 새기려면 특정한 장소로 가야 한다. 그러나 흙으로 만든 그릇은 지니고 다닐 수 있다. 작고 좁지만 어떤 면에서 그릇은 바위보다 더 쓸모가 있는 도화지고 캔버스였다.

그릇은 신석기시대의 매우 가치 있는 발명품 가운데 하나다.[14] 흙으로 만든 그릇은 신석기 농경과 관련이 깊다는 점에서 특별히 눈여겨볼 도구다.[15] 지금도 농가에서 가장 귀하게 여기는 것이 농사용 씨앗을 담아두는 그릇이다. 다음 해의 삶이 그 안에 있으니 귀중하지 않겠는가?

사냥꾼이 동물의 주인 신에게 제사 드리고 사냥에 나갔듯이 농사꾼은 씨앗의 주인 신에게 제사 드렸다. 오랜 기간의 경험과 지식으로 씨앗이 발아하여 밀과 보리, 기장과 쌀이 이삭으로 달리기까지 농사의 전 과정은 여인이 임신하여 아이를 낳기까지 작용하는 원리와 같다고 인식되었다. 사실 염소나 소가 새끼를 가지는 것도

신석기시대에 처음 만들어진 그릇의 안과 밖은

농경과 관련된 신앙을 형상화하여 장식하는 경우가 많았다.

채도(彩陶) 바깥의 원점문(圓點紋)은 보통 씨앗으로 해석된다.

신석기시대의 토기는 귀중한 도구였다.

특히 씨앗이나 기타 귀중품을 담아 보관하는 토기는 신이 지켜주어야 했으므로

신이나 신과 소통하는 인물의 형상을 그릇 안팎에 표현하였다.

청동기시대에 만들어진 청동제기에 도철(饕餮)을 비롯한

사나운 맹수 형상의 무늬가 장식되는 것은 사악한 존재의 접근을 막기 위해서였다.

칠기로 만든 한나라 시기의 귀잔이 구름기운 무늬로 장식된 것은

이 시대를 살던 사람들 사이에 땅과 하늘 사이 어딘가 있다는

선경(仙境)에서의 삶이 소망되었기 때문 아닐까?

② 원점문채도호(圓點紋彩陶壺), 앙소문화 반산유형(기원전 2700~기원전 2300년), 감숙성박물관
③ 칠이배(漆耳杯), 전한, 호남성박물관
④ 인두형기구채도병(人頭形器口彩陶瓶), 앙소문화 전기(기원전 7000년~기원전 5000년), 감숙성박물관

마찬가지다.

사냥꾼 사회였던 구석기시대의 신화는 명확히 밝혀지지 않았지만, 신석기 농경사회에서 모셔진 신은 대부분 여신이었다.[16] 생명을 낳고 거두고 되살리는 일은 여신의 손에 달렸다는 인식이 자연스레 널리 퍼진 결과일 것이다. 여신과 관련된 인식과 제의는 신석기 토기에 다양한 방식으로 표현되었다. 토기에 자주 그려진 것 가운데 하나는 씨앗이다. 씨앗의 발아, 이와 관련된 달의 형상, 땅, 비, 비구름 등도 토기 그림의 제재로 빈번하게 등장한다.

청동기시대에는 토기에 부여되었던 캔버스 기능이 상당 부분 청동기로 옮겨졌다. 청동기시대의 가장 귀중한 도구는 청동기였고, 특히 제기는 신과의 소통을 눈으로 확인시켜주는 기물로 인식되었기 때문일 것이다. 청동제 의기儀器의 표면은 온통 신과 신의 사자使者들의 모습으로 가득 채워졌다. 특히 중국 상대商代 청동 제기 가운데에는 신과의 소통을 가능하게 하는 기물임을 보여주는 사례가 많다.

청동 제기에서 신과 신의 사자 얼굴이 사라지기 시작하는 것은 중국의 경우, 동주東周시대 곧 춘추·전국시대이다. 물론 청동 제기의 표면은 그 이전인 서주西周시대 후기부터 특정한 생명체의 얼굴로 장식되지 않는 경향을 보인다. 얼굴 표현이 줄어드는 대신 청동 제기의 내부는 보통 한 단락의 '기념명문記念銘文'으로 채워진다. '왜 이 청동기를 만들었는지, 어떤 가문의 어떤 사건을 기념하기 위한 것인지'가 금문金文으로 기록된다.

도기陶器와 칠기漆器, 청동기는 중국의 진한秦漢시대에도 여전히 캔버스로, 도화지로 사용된다. 물론 앞 시대와 같이 무거운 의미를 담은 신화나 전설적 소재들이 도기, 칠기, 청동기를 장식하지는 않는다. 앞 시대의 사고와 인식의 흔적이 어느 정도 남아 있으나, 시대가 달라졌음을 알리는 소재들이 그릇들을 장식하는 경우가 오히려 많다.

한漢의 칠기를 장식하는 구름 형태의 상서로운 기운은 생명을 탄생시키는 힘을 회화적으로 나타낸 경우이다.[17] 이런 특별한 기운의 표현이 제의의 대상으로서 신의 모습이 사라진 자리를 메운 것이다. 유럽과 중근동에서 여전히 신상이 제작되고, 황제가 신과 동일시되는 현상이 일어나는 것과 대비된다. 한나라의 칠기 술잔에 장식된 생명의 기운은 술로 신과 만나려는 이 시대 사대부의 소망을 담아낸 것일까?

그릇

/

이건 신이 주신 거다
흙을 이렇게 쓸 수 있다니
이건 신이 주신 거다
흙에 그림이 들어가
지워지지 않고 남아 있다니

이건 신이 주신 거다
돌을 녹일 수 있다니
돌을 녹여 그릇을 만들 수 있다니
이건 신이 주신 거다
돌에 그림이 들어가
반짝이며 빛을 낼 수 있다니

이건 신이 주신 거다
나무 그릇에 칠이 녹아 붙다니
이건 신이 주신 거다
칠에 들어간 구름이
꿈틀거리며 기운을 뿜을 수 있다니

6

돈[錢]

화폐는 물물교환의 한계를 극복하게 해준다
물물교환의 품목별 교환 비중은
지역의 경제 상황에 따라 달라질 수밖에 없다
이것은 강제할 수도 없는 일이다

① 금병(金餅, 금으로 만든 떡), 한, 대당서시박물관

화폐는 물물교환의 한계를 극복하게 해준다. 물물교환의 품목별 교환 비중은 지역의 경제 상황에 따라 달라질 수밖에 없다. 기장과 보리가 흔하고 베가 귀한 곳에서 벳값은 올라가지만, 기장, 보리를 구하기 어렵고 베는 어디나 있는 지역에서는 벳값이 떨어진다. 교환 비율이 달라지는 것이다. 이것은 강제할 수도 없는 일이다.

문제는 베 한 필에 기장과 보리를 몇 가마씩 내놓아야 한다면, 베 열 필 정도 판 사람이 기장이며 보리 수십 가마를 옮기는 일은 말 그대로 고역苦役이라는 사실이다. 게다가 필요 이상의 곡물은 보관하기도 어렵고 장기간 신선도를 유지하기도 난망難望이다. 화폐는 이런 문제를 해결해준다.

화폐가 출현해 사용되려면 특정한 형태의 화폐가 처음부터 고유의 가치를 지니고 있거나 권력에 의해 강제로라도 화폐의 가치가 보장되어야 한다. 중국에서 화폐로 처음 사용된 것은 아열대 바다에서 나는 고둥 껍데기였다. 특정한 지역의 유적에서 무더기로 발견되기도 하는 아열대 고둥 껍데기는 이미 신석기시대부터 고급스러운 장신구 재료로 사용될 만큼 높은 가치가 부여되었다. 자연스럽게 '매우 가치 있는 물건'이 된 고둥 껍데기는 역사시대 초기에

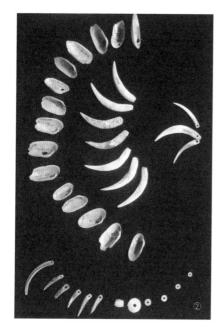

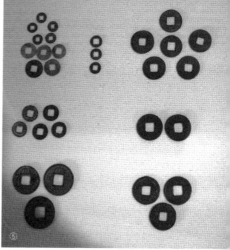

② 신석기시대의 귀중품이었던 동물 송곳니 및 조개껍질 장식, 앙소문화(신석기시대), 서안반파박물관

③ 6국화폐, 전국시대, 중경국가삼협박물관 ④ 금제 화폐판, 전국시대 초(楚), 상해박물관

⑤ 삼국, 양진, 남북조, 수의 화폐였던 동전(銅錢), 삼국~수, 중경중국삼협박물관

화폐로 사용되었다.

그러나 고둥 껍데기에 가치와 의미를 부여하지 않는 사회에서 이것은 화폐로 사용되기 어렵다. 아열대 고둥 껍데기는 그것의 가치가 인정되는 지역 안에서만 화폐로 기능할 수 있었다.

중국에서 신석기시대부터 높은 가치와 의미를 부여받은 옥玉은 어떤가? 옥은 금보다 가치가 있지만, 가치에 따라 잘게 쪼개 쓸 수 없다. 게다가 금보다 귀한 보석이었다는 점에서 대중화가 불가능했다. 더욱이 고급스럽게 다듬지 않은 옥의 가치가 어느 정도인지는 아무나 판단하기도 어려웠다.

금은 고유의 가치를 지닌 대표적인 금속이다. 금은 잘게 쪼개도 일정한 가치를 유지한다. 심지어 아주 작은 알갱이로 만들어도 금이 지닌 가치는 사라지지 않는다. 금을 일정한 크기로 잘라서 곡물이나 옷감 재료의 값을 치를 수도 있다. 청동기시대에 이르러 금이 화폐로 기능하고, 금으로 만든 일정한 무게의 둥글고 네모진 조각이 고급 화폐로 애용된 것은 금이 지닌 고유의 가치 때문이다. 금에 이어 은銀도 고유의 가치를 지닌 귀금속으로 화폐의 재료로 사용되었다.

금, 은 같은 귀금속은 아니지만, 구리와 쇠 역시 금속으로서 지닌 가치로 말미암아 화폐의 재료로 주목받았다. 그러나 구리와 쇠는 크기와 무게에 따른 가치가 상대적으로 떨어졌으므로, 화폐로 기능하려면 권력에 의해 '특정한 가치'가 보장되어야 했다.

문제는 특정한 가치가 해당 금속이 지닌 고유의 가치보다 높게 매겨졌을 경우, 시중에 가짜가 만들어져 유통될 수 있다는 사실이다. 동전銅錢과 철전鐵錢이 국가에 의해 화폐로 주조되기 시작하면서 가짜가 만들어져 시중에 유통되지 않도록 통제와 감시가 이루어진 것도 이 때문이다.[18]

중근동과 인도, 중국에서는 일찍부터 금속 화폐가 만들어져 유통되었다. 중국의 경우, 전국시대부터는 금속 화폐가 대거 주조·유통되었는데, 나라마다 형태와 무게, 가치에 차이가 있었다. 전국戰國을 통일한 진秦은 문자와 도량형 외에도 여러 가지를 통일시켰다. 화폐도 그중 하나이다.[19] 진의 통일 화폐로 유명한 반량전半兩錢은 외곽이 원형이고 안에 네모진 구멍이 뚫린 동전으로 꾸러미로 꿰어 지니고 다닐 수 있었다. 밖이 둥글고 안이 네모진 이런 형태의 화폐는 이후 중국 화폐의 모델이 되었다.

반량전의 둥근 외곽은 하늘, 네모진 구멍은 땅의 형상을 본떴다고 한다.[20] 반량전은 삼한시대三韓時代가 시작되기 이전 한반도 남부의 국제 교역항으로 이름을 떨쳤던 사천 늑도에서도 출토되었다.

돈

/

귀한 고등 껍데기 모아 목걸이를 만들었다
팔찌도 만들었다
목걸이 주고
가죽 열 장 얻었다
팔찌 주고
기장 한 가마 얻었다

우윳빛 옥 다듬어 목에 걸고
허리에 달았다
목걸이 조각 하나로
고운 베 오십 필을 받았다
허리 끝장식 하나로
좋은 밭 열 마지기 받았다

금 구슬 귀에 달고
은가락지 손가락에 끼었다
귀걸이 하나로
마차 한 대
가락지 하나로
소 한 마리

구리 이파리 하나로
수수 한 말
쇠돈 한 잎으로
보리 한 되

7

침 針

침은 인체의 기운이 가로 세로로 뻗어 나가며
만나는 경락經絡의 혈穴에 놓는다
경락이 어떤 경로를 이루며 경락선의
어디에 혈이 있는지는 임상 경험을 바탕으로
오랜 기간 지속해서 파악되었다

① 침 시술, 후한 화상석, 국가박물관

중국 전국시대의 명의名醫 편작扁鵲은 "병이 피부에 있는 동안에는 탕약과 고약으로 고칠 수 있고, 혈맥에 있을 때는 침이나 뜸으로 고칠 수 있으며, 장과 위에 들어왔을 때도 약주藥酒로 고칠 수 있다"고 했다.[21] 한나라 때의 명의 화타華佗는 재상 조조가 두통으로 시달리고 정신을 잃기도 할 때, 침으로 증상을 없앴다고 한다.[22]

중국의 가장 오래된 의학서인 『황제내경黃帝內經』의 각 편은 전국시대에는 원형이 성립되었고, 진한시대에 한 책으로 엮어진 것으로 전한다. 황제내경은 크게 「소문素問」과 「영추靈樞」로 나누어 묶인 뒤 후세에 전해지며 증보와 수정이 거듭되었다. 침구학鍼灸學에 관한 내용은 「영추」편에 있다. 『침경鍼經』으로도 불리는 영추편에는 경락經絡, 혈, 침과 뜸, 침놓는 도구, 침구가 필요한 증상, 침구 치료 때의 주의사항, 침구는 어떤 사람이 배우는 게 좋은지 등이 항목별로 자세히 서술되었다.

침과 뜸은 동아시아의 전통적인 의료술이다. 침술은 신석기시대에 날카롭게 다듬은 돌조각[砭石]으로 종기가 난 부분을 찔러 고름을 빼거나 상처 부위의 피가 흘러나오게 함으로써 치료를 시도한데서 시작되었다고 추정된다. 그러나 언제부터인가 침은 뾰족하고

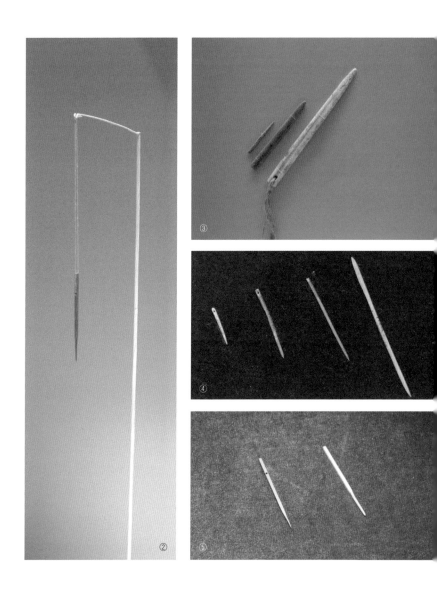

② 금침, 전한, 하북박물관 ③ 골침, 신석기시대(기원전 4500년), 산서성박물원
④ 골침, 앙소문화(신석기시대), 서안반파박물관 ⑤ 금침과 은침, 전한, 하북박물관

날카롭게 만든 도구로 인체의 특정한 부분을 찔러 몸의 기운이 잘 흘러 돌게 하고, 이를 통해 인체 안의 약해진 부분이 정상 상태로 돌아와 사람의 온몸이 다시 균형 잡힌 상태에 이르게 하는 의료 도구와 기술을 의미하게 되었다.

처음에 돌을 갈아 만들었던 침은 뼈나 대나무, 도기陶器로도 만들어졌다. 골침骨針, 죽침竹針, 도침陶針이 그것이다. 상·주시대에는 청동으로 만든 동침銅鍼이 출현했고, 춘추·전국시대에는 쇠로 만든 철침鐵針이 사용되었다. 한나라 때부터는 필요에 따라 금침과 은침이 사용되기도 했다. 하북 만성에서 발견·조사된 전한前漢 중산왕中山王 유승劉勝의 무덤에서는 금침 네 개, 은침 다섯 개가 출토되었다. 『황제내경』에는 아홉 가지 침의 종류와 사용법이 소개되어 있다.

침은 인체의 기운이 가로 세로로 뻗어 나가며 만나는 경락經絡의 혈穴에 놓는다. 경락이 어떤 경로를 이루며 경락선經絡線의 어디에 혈이 있는지는 임상 경험을 바탕으로 오랜 기간 지속해서 파악되었다. 6세기경 사용된 것으로 전하는 명당도明堂圖는 경락과 혈의 위치를 체계적으로 정리하여 그림으로 남긴 것이다. 7세기 손사막은 자신의 저서 『비급천금요방備急千金要方』에서 자신이 6세기의 명당도를 참고하였음을 밝히고 있다.

기氣, 음양陰陽이라는 개념에 바탕을 두고 발전한 침과 뜸은 지금도 동아시아에서 치료 효과가 있는 의료법으로 믿어지고 행해진다.

침과 뜸은 사람과 만물이 모두 음양과 오행의 원리에 바탕을 둔 존재라는 시각이 전제되었다는 점에서 이를 받아들이지 못하는 유럽 의학과 구별된다.

　침과 뜸은 치료법이지만, 동아시아 의술에서 일찍부터 중요시된 것은 예방술이다. 예방술의 가치와 의미는 편작을 주인공으로 삼아 전하는 다음의 이야기로 잘 알려져 있다. 편작의 삼형제는 모두 의사였는데, 세상에 알려진 이는 편작이었다. 위나라 문왕이 이를 두고 편작에게 묻기를 "그대 세 형제 가운데 누가 병을 가장 잘 치료하는가?" 편작이 답하기를 "큰 형님이 첫째고, 둘째 형님이 다음이며, 제가 가장 못 합니다" 하였다. 왕이 다시 묻기를 "어째서 그렇소?" 편작이 다시 답하기를 "큰 형님은 얼굴빛만 보고 그가 어디가 아플지 알아 아프기 전에 원인을 제거합니다. 아프기도 전에 나으니 그 사람은 제가 치료를 받았는지도 모릅니다. 둘째 형님은 병세가 있을 즈음 이미 치료를 시작하니 나은 사람은 제 병이 작은 것인 줄 압니다. 저는 병이 위중해진 뒤에야 알고 맥 짚고 약 먹이고 살을 도려내 고쳐주니 나은 이는 저를 명의名醫로 여기고 소문을 냅니다."

침
/

네 몸에 들어간 건
금이다
머리를 찌른 건
은이다
네 손발을 아프게 한 건
쇠다

몸 안 좁은 길로 다니며
막힌 데 뚫는 건
금침이다
머리 가죽 자극하여
정신 돌아오게 하는 건
은침이다
피부에 잠깐 침구멍 내
오장육부 기운 돌게 하는 건
쇠침이다

쇠바늘로 찔러 몸 건강하고
은바늘 끝으로 정신 차리고
금바늘로 길 내어 심신 온전해진다고
금, 은, 쇠 가릴 게 무어냐
넣고 찔러 살리는 손이
신통한 거지
침쟁이 눈이 하늘인 거지

8

문손잡이 [捕手]

문은 손잡이가 있어야 열고 닫는다
대궐 문이든 성문이든 민가의 문이건 마찬가지다
문이 문 되게 하는 게 손잡이라고 할까?

① 수면인물문투조동포수(獸面人物紋透彫銅鋪首), 북위, 고원시박물관

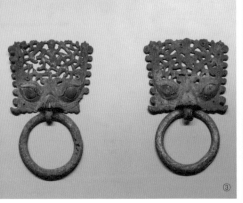

② 돌문에 새겨진 포수함환(鋪首銜環), 한 화상석, 등봉역사박물관.

③ 포수함환(鋪首銜環), 북위, 대동시박물관 ④ 유금동포수(鎏金銅鋪首), 한, 섬서역사박물관

문은 손잡이가 있어야 열고 닫는다. 대궐 문이든 성문이든 민가의 문이건 마찬가지다. 문이 문 되게 하는 게 손잡이라고 할까? 어떤 면에서는 문이 지닌 생명력은 손잡이에 있다고 할 수 있다.

문으로는 온갖 것이 드나든다. 사람, 동물, 물건이 문을 통해 밖에서 안으로 들어가고, 안에서 밖으로 나온다. 문지기가 있다면 문 앞에 서 있는 것이 무엇인지 보기도 하고 확인할 수도 있을 것이다. 그런데 사람의 생각에 문으로는 다 보이지도, 느끼고 만질 수도 없는 게 드나들 수 있다. 선신善神과 악신惡神, 영靈과 귀鬼도 문으로 드나든다는 것이다. 그렇다! 삼류 도둑이나 담을 넘어 다니지, 신과 영이 어찌 문을 두고 담을 넘겠는가?

그러니 문은 잘 지켜야 한다. 들어오지 않아야 하는 악령惡靈과 사귀邪鬼는 문고리에 손도 대지 못하게 해야 한다. 문고리에 손대는 게 두려워 문 근처에 얼씬거리지도 못하게 해야 한다. 그렇지 않고 악령과 사귀가 쉽게 문을 열고 안으로 들어서게 되면 대궐과 성안, 집안이 재액에 시달리게 된다. 아픈 사람이 생기고 다툼과 싸움이 일어난다.

중국의 한 화상석 가운데에는 가상의 문과 문손잡이가 잘 묘사

된 것이 많다. 보통은 사나운 형상의 괴수 아가리가 둥근 고리를 물고 있는 포수함환捕手含環의 형상이다.[24] 고리는 그냥 둥글어도 포수는 맹수 형상의 괴수가 송곳니를 드러내며 으르렁거리는 모습인 경우가 일반적이다.[25] 보이지 않으면

⑤

서 문으로 들어오려는 사귀와 악령이 포수의 형상에 질려 문고리에 손대지도 못하게 하려 함이다. 험상궂은 얼굴로 문고리를 물고 있는 포수를 보며 오금이 저려 멀리 달아나게 하기 위해서다.

위진 이후 남북조시대의 문손잡이는 실물로 남아 있는 게 많다. 한 화상석에 묘사된 것과 비슷한 형상의 문손잡이도 있지만, 험상궂은 얼굴의 포수 머리의 두 귀 사이에 역사力士의 형상이 버티고 선 모습인 것도 있고, 두 마리의 용 사이에 불교의 붓다 형상의 인물이 선 모습으로 만들어진 것도 있다.

이런 형상의 문손잡이에서는 붓다나 역사가 일종의 문신門神 역할을 한다고 할 수 있는데, 역사는 포수로 더욱 강하게 사귀와 악령을 내쫓게 돕는 존재이고, 붓다는 자비와 법력法力으로 사귀와 악령을 굴복시키는 역할을 한다고 볼 수 있다. 위진남북조시대, 중국에

⑤ 수면인물유금동포수(獸面人物鎏金銅鋪首), 북위, 고원시박물관

서 크게 유행한 불교신앙이 가져온 새로운 디자인의 문손잡이인 셈이다.

수당隋唐 이후, 문손잡이의 포수는 다시 괴수 형상으로 돌아온다. 물론 한나라 때의 것과는 세부적인 데서 차이를 보인다. 귀면와鬼面瓦나 용면와龍面瓦의 얼굴 형상인 것도 있고, 불교의 호법사자護法獅子에서 비롯된 듯한 사자와 도교의 신령스러운 동물인 호랑이 형상을 혼합한 것도 있다. 수·당시대 사람들은 역사나 붓다를 대신한 이런 맹수 형상이 사귀와 악령을 내쫓는 데에 더 효과적이라고 여겼던 것일까?

본래 문에는 문손잡이 외에 문신門神의 그림을 그려 붙여 지키는 관문關門으로서의 힘을 더하는 게 일반적이었다. 한나라 때에는 괴기스러운 형상의 귀문신鬼門神 신도神荼와 울루鬱壘를 그려 붙이는 경우가 많았고,[26] 당송唐宋대에는 눈을 부릅뜨고 고함지르는 모습의 유명한 장군 형상을 문에 가득 채워 묘사하기도 했다. 불교사원이나 도교사원의 문에 온통 주색朱色을 칠한 뒤, 여기에 더하여 문신에 해당하는 천왕天王이나 역사를 그려 넣는 것도 사귀나 악령이 얼씬거리지도 못하게 하기 위해서다.

문
손
잡
이

/

이름만 들어도
벌벌 떤다지만
에잇, 까짓 거 하며
눈 질끈 감고
문손잡이 잡아당기면
어쩔 것인가

그림만 보고도
오금 저린다지만
에라, 모르겠다 하며
고개 돌리고
문손잡이 힘껏 붙잡고 밀어젖히면
어쩔 것인가

문손잡이도 괴수 아가리에 있고
역사力士의 두 손에 잡혀 있으면
손도 내밀지 못하리라
문고리에
붓다의 기운이 어려 있으면
감히 눈길도 주지 못하리라
역사와 붓다로 문이 온전하니
집도 편안하리라

六 · 교류

1

상 인
商 人

상인에 의한 물산物産의 장거리 유통은
일상적 접촉이 사실상 불가능한 사회 사이에
문물이 교류될 수 있게 한다는 점에서도
문화사적 의미가 있다
장거리 교역을 통해 물산만 오가는 게 아니라
사람과 기술, 관념도 오가게 되는 까닭이다

① 채색유도낙타재호인용(彩色釉陶駱駝載胡人俑, 낙타 등에 탄 소그드인 상인), 상해박물관

'사농공상士農工商'이라는 말은 유교 성리학 사회에서뿐 아니라 농경 중심의 안정된 사회 운영을 지향하는 곳에서는 전제가 되기도 하고 목표가 되기도 하는 이념적 선언이다. 중국은 오랜 기간 사농공상 사회를 지향했고, 이를 위해 가능한 한 상인이 사회의 상류층으로 부상하지 못하게 하려 애썼다. 그러나 중국과 같이 인구 규모와 땅의 넓이에서 이웃과 비교되지 않는 사회에 거상巨商이 출현하지 않는다면 이도 이상한 일 아닌가?

중국에는 시대마다 한 나라를 사고팔 수 있을 정도로 거금을 모은 대상大商이 출현했다. 진시황秦始皇의 출생과 관련이 깊다고 알려진 전국시대 진秦의 여불위呂不韋도 처음에는 상업으로 큰돈을 모았던 인물이다.[1] 전국시대 말기 진의 왕위 계승에 깊숙이 관여했던 여불위는 『여씨춘추呂氏春秋』 편찬을 주도해 격동의 한 시대 역사를 정리하여 후세에 남긴 인물이기도 하다.

사회적으로는 천대받았지만, 상인은 지역 생산물을 광범위하게 유통시킴으로써 사회가 안정감 있게 운영되도록 만드는 존재였다. 상인에 의한 물산物産의 장거리 유통은 일상적 접촉이 사실상 불가능한 사회 사이에 문물이 교류될 수 있게 한다는 점에서도 문화사

② 채회배화호인용(彩繪背貨胡人俑, 등짐 진 소그드인 상인), 당, 대당서시박물관

③ 저울, 당, 대당서시박물관

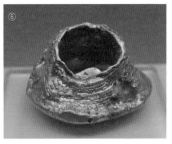

남북조 및 수당 시기의 호(胡)는 고깔 모자를 쓴 소그드인을 가리키는 용어였다.

소그드인들은 출신 도시국가의 이름에서 비롯된

안(安), 사(史), 석(石), 강(康) 등의 성씨로 당나라에 정착하였다.

그러나 이들의 대다수는 농경에 종사하지 않고 상인과 용병으로 살았다.

일부는 은제 장신구나 도구를 만드는 수공업자로 살기도 했다.

당나라에서 활약하던 소그드인 용병과 상인 가운데 일부는

통일신라와 발해로도 활동 반경을 넓혔으며,

이런 나라에 정착해 새로운 소규모 공동체를 건설하기도 했다.

러시아 연해주에 있는 발해시대 크라스키노 성터에서

소그드인 수공업자들의 공방터가 발견된 것도 이 때문이다.

④ 채색도낙타재호인용(彩色陶駱駝載胡人俑, 낙타 등에 탄 소그드인 상인), 당, 대당서시박물관
⑤ 유도산주(釉陶算珠, 유약 입힌 도제 주산 알), 당, 대당서시박물관
⑥ 마제금(馬蹄金, 말굽 모양 금제 화폐), 한, 상해박물관

적 의미가 있다. 장거리 교역을 통해 물산만 오가는 게 아니라 사람과 기술, 관념도 오가게 되는 까닭이다.

중국 물산의 장거리 유통과 관련하여 주목되는 존재는 남북조시대와 수·당시대에 동서 교역에서 중요한 역할을 담당한 중앙아시아의 소그드인이다. 주로 용병傭兵과 상인으로 중국에 흘러들었던 소그드인들은 남북조시대에는 중국의 주요 도시에 소규모 공동체를 이루며 모여 살았다.[2] 수·당시대에 소그드인은 중국 남부의 광주廣州에도 진출하여 상당한 규모의 서역인 공동체를 이룰 정도로 중국 내에서 새롭게 번성하는 소수민족의 하나가 되었다.[3]

그러나 755년 일어난 안사安史의 난은 중국 내 소그드인 공동체가 위축되게 만든 중요한 계기로 작용하였다. 안록산安祿山과 그의 부장 사사명史思明은 소그드인 용병으로 시작하여 고위직에 올라 국정國政을 좌우할 정도에 이른 사람들이다. 그런데 이들이 중국 전역을 뒤흔든 반란을 주도함으로써 난의 진압과정에 여러 곳의 소그드인 공동체들이 해체되고 소그드인 다수가 죽임을 당하게 만든 원인이 되었다.

안사의 난 이후, 중국 내 소그드인 상인의 영향력은 이전에 비해 크게 약해졌다. 이로부터 100여 년 뒤 벌어진 회창會昌 폐불廢佛과 삼이교三夷敎 탄압(845년), 뒤따라 일어난 황소黃巢의 난(875년~884년)은 중국 내 소그드인 공동체 다수를 소멸시켰다. 845년 당 중앙정부는 불교뿐 아니라 호인胡人들의 종교였던 천교(祆教, 배화교拜火教, 조로아스터교), 경교(景教, 네스토리우스파 기독교), 마니교도 금지하고 탄압함으로써[4] 소그드인 공동체의 구심점이 사라지게 했다.

황소의 난은 안사의 난 이후, 절도사節度使로 자립한 군웅群雄들의 지방 할거로 피폐할 대로 피폐해진 밑바닥 농민의 저항이었다. 이런 까닭에 소금 밀거래상이었던 황소의 반란군은 장악한 지역에서 제일 먼저 부패한 관리들을 처단하고 부유한 상인들의 자산을 약탈했다. 한족 농민들이 주력인 황소군에 의해 광주를 비롯한 주요한 교역 도시의 상인들 상당수가 죽거나 쫓겨났다.[5] 문제는 이 과정에서 가장 큰 피해를 본 이들이 당대唐代 국제교역을 주도했던 소그드인 상인들이었다는 사실이다. 9세기 말 황소의 난을 계기로 중국 주요 도시의 소그드인 상인 공동체들은 해체되거나 소멸하였다. 대규모 국제교역의 중심을 자처하며 비할 바 없는 번영을 누렸던 세계제국 당나라의 역사도 이즈음부터 막을 내렸다고 할 수 있다.[6]

상
인

/

남는 게 없다오. 그래도 주리다

큰 산 깊은 골짜기를 지나며
여기가 곤륜인가 했다
아직 장안은 멀었다 싶었다
산 건 다 삼킨다는 거대한 모래 늪을 지나야 한다
오십 번쯤 햇빛에 바랜 백골을 보며
다섯 번쯤 모래에 둘러싸인 못에서
목을 축여야 한다고 했다

이건 제 목숨 주고 남긴 거요. 그래도 주리다

관문을 지나는 데도 거저가 없었다
허름한 객잔도 하루에 하루를 더하면 값을 올렸다
하루에 마른 국수 한 그릇 물 한 잔이었다
관문 몇이 더 남았다
장안은 그 너머에 있다
먼저 간 이들이 터 잡고 기다린다 했다
어쨌든 거기까지는 가야 한다

돌아갈 노자도 부족하겠소. 그래도 주리다

터 잡은 이 하나, 고향의 객을 반긴다
아주 오랜만에 고향 냄새 맡는다고 좋아한다
내 여윈 낙타 셋 하나하나 어루만지며 눈을 지그시 감는다
그래도 장사는 장사다
흥정은 흥정이다
얼마나 칠 것인지, 정말 그리 받을 것인지
잘 차린 저녁 식사에 백주를 곁들였지만
정신은 말짱하다
빈손으로 돌아갈 수는 없잖은가?

2

유 琉
리 璃

쉽게 구할 수 없는 아름다운 것!
유리는 처음 맞닥뜨린 이에게는 신비한 물건이다

① 유리호, 북위, 대동시박물관

쉽게 구할 수 없는 아름다운 것! 유리는 처음 맞닥뜨린 이에게는 신비한 물건이다. 만드는 것인지, 그냥 찾아내는 것인지도 알 수 없고, 어디서 누구를 통해 구할 수 있는지도 알기 어려운 물건 아닌가?

고대 동아시아에서 유리는 금, 은, 옥, 수정과 함께 보석으로 취급받았다. 쉽게 만들 수도 구할 수도 없고, 단단하고 투명하다는 점에서 알려진 귀금속과는 구별되는 이 물질은 병과 잔으로 만들어져 무덤의 껴묻거리로 쓰였다. 유리는 목걸이와 같은 장신구의 재료로도 가치가 높게 매겨졌다.

중국의 한나라 때에 비단은 파미르 고원 너머 서쪽 끝까지 팔려 나갔고, 유리는 파미르 고원 너머 어디론가부터 동아시아로 전해졌다. 사실 유리는 비단이 서방에 알려지기 전부터 서아시아로부터 동아시아에 전해져 사람들의 감탄사를 자아냈다. 동서무역을 중개하던 유목민족이 최초의 유리제품 전달자였을 것이다.

지금까지 알려진 가장 오래된 유리제품은 메소포타미아와 이집트에서 발견되었다. 메소포타미아 북부에서 발굴된 불투명한 하늘색 구슬은 기원전 14세기 작품이다. 기원전 4세기에 제작된 '알라바스트론'이라 불리는 유리병은 금제 받침이 달린 것으로 당시 동

② 황유리배(黃瑠璃杯), 당, 섬서역사박물관 ③ 남유리반(藍瑠璃盌), 당, 섬서역사박물관 ④ 심복유리배(沈腹瑠璃杯), 북조, 명당유지진열관 ⑤ 압형유리주(鴨形瑠璃注), 북연(北燕, 415년), 요녕성박물관

지중해 지역에서 유리제품의 가치가 얼마나 높게 매겨졌는지를 짐작하게 한다. 지중해 연안에서 '대롱 불기' 방식으로 유리병이 만들어지기 시작하는 것은 기원전 1세기 즈음이다. 중국 한나라에서도 유리를 만들었음이 무덤에서 발굴된 유리제 검이나 유리제 이배耳杯를 통해 확인된다. 전한 경제의 아들 중산왕 유승의 무덤에서 발견된 유리제 이배는 유릿가루를 녹이는 기법으로 만들어졌음이 확인돼 세인의 이목을 끌었다.[7]

그러나 중국에서 만들어진 유리는 투명성이 낮은 납유리여서 수입 유리에 비해 높은 가치를 인정받지는 못했다. 중국에서는 삼국 이후 위진남북조 시기에도 시리아의 다마스쿠스나 안티오쿠스에서 제작되어 수입된 유리제품이 더 선호되었다. 옥을 대신할 수 있지만, 옥보다 높게 평가받지 못하는 한계를 지녔음에도 유리는 남북조시대 이후까지 주로 중국의 동남 해로를 이용해 지속적으로 유입되었다.

유리 역시 귀중품이었으므로 깨진 유리는 다시 붙이거나, 없어진 부분에 금을 덧입혀 사용했다. 많은 경우 유리는 왕실과 귀족 가문에서 완상용玩賞用으로 쓰이다가 무덤의 껴묻거리가 되거나 종교적인 의례에 사용되었다.

⑥ 유리소병, 북위, 대동시박물관

불교가 전해진 뒤, 유리제품은 금붙이와 함께 사원에 바쳐졌고, 사리구舍利具나 복장유물腹藏遺物이 되어 불탑이나 불상 안에 봉안奉安되었다. 중국뿐 아니라 한국과 일본에서도 유리제품에는 특별한 가치와 의미가 부여되었다. 유리병이나 유리호瑠璃壺는 주로 불교 공양의례供養儀禮에 사용되었고 불탑 안의 사리구나 불상의 복장물로 봉안되었다.

중국에서 비단 제조법이 산업 비밀에 속했듯이 시리아를 비롯한 유리 생산지역에서는 유리 제조법이 외부로 알려지는 것을 꺼렸다. 로마 유리의 제조 비법이 전수된 중세 베네치아에서는 유리 제조 장인을 평생 도시에서 떨어진 무라노 같은 특정한 섬에서 살면서 유리 제조만 하게 했다. 장인을 감시하는 사람들이 섬과 섬 주변을 늘 지켰음은 물론이다.

수·당 시기에도 중국에서는 유리가 생산되지만, 투명도나 섬세한 무늬 넣기에서 로만 글라스나 사산조 페르시아의 유리와 같지는 않았다.[8] 유리를 녹여 불어내며 특정한 모양을 만드는 대롱 불기 기법 역시 수·당 시기까지 중국에는 알려지지 않았다. 이런 특정 기법은 동지중해 일원에서도 오랜 기간 장인에게서 장인으로 전해지는 수련과 경험을 바탕으로 전수되었기 때문이다. 동서고금을 통해 특정 기술을 지닌 장인의 능력이나 비법 가운데 후대에 전해지지도 재현되지도 못하는 것이 있는 건 이 때문 아니겠는가?

유
리

/

이쪽에서 저쪽으로
비추어내면
같은 듯 다른 게
양쪽에 있다

그림자보다는 옅고
복제물보다는 생생한
너와 나를 하나로
만들어주는
신비한 물체가
우리 사이에 있다

3

비 琵
파 琶

비파 연주가 내는 아름다운 선율 때문일까?
남북조시대에 비파는 중국 전역에서
가장 선호하는 악기의 하나였다

③

②

①

비파는 고금동서에 가장 선호된 악기의 한 종류일 것이다. 얼후[二胡], 만돌린, 바이올린, 비올라, 기타, 첼로는 비파를 뿌리로 삼아 현의 수가 늘거나 줄고, 소리통이 커지거나 작아진 경우이다. 중국에서 비파가 크게 유행하기 시작한 때는 많은 왕조가 명멸하는 5호16국시대 및 남북조시대이다.[9] 죽림칠현竹林七賢의 한 사람인 완적阮籍의 조카 완함阮咸이 옛 비파를 개량해 만들었다는 악기 '완함'은 중국 전래의 진비파秦琵琶에 가깝고, 남북조시대에 대중화된 것은 서역에서 전래된 호비파胡琵琶이다.[10]

호비파는 서역西域 악기다. 지금의 중국 신장위구르자치구를 포함한 중앙아시아 일대에서 오랜 기간 사용되던 민속 악기다. 이 지역에서 비파는 일상생활 중간에 자주 연주되는 악기였다. 특히 결혼식을 포함해 마을의 크고 작은 행사가 있을 때마다 비파와 장고, 피리는 하나씩 동시에 등장하여 좌중을 즐겁게 했다. 지금도 외지인이 이 지역에 손님으로 가면 오찬이나 만찬에 앞서 비파가 중심인 악단이 등장하여 흥겹고 따뜻한 연주를 진행함으로써 참석자 모두가 마음으로 먼저 하나 되게 한다.

북중국이 5호16국으로 분열과 혼란을 거듭하고 있던 시기, 불교

는 귀족과 백성 모두가 의지하고 받드는 종교로 떠올랐다. 내면의 평
안을 강조하는 불교는 후한 시기에 인도, 서아시아 문화와 함께 동아
시아로 전해졌으며, 전파되는 지역의 고유문화와 융합하여 새로운
문화와 예술의 원천이자 결과물이 되었다. 5호16국시대의 북중국
도시들에서는 불교와 관련한 문화·예술 활동이 활발하게 펼쳐졌다.

비파는 불교신앙 및 문화와 관련된 활동에서 중요한 역할을 맡
았다. 불교예술에서 자주 등장하는 기악천伎樂天이 다루는 악기로
출현 빈도가 가장 높은 것 가운데 하나가 비파이다. 돈황 막고굴莫
高窟을 비롯해 남북조시대의 석굴사원을 화려하게 장식한 불교회
화 속 비파를 다루는 천인天人의 생생하고 율동적인 자세는 보는 이

④ 순수기악문석정(馴獸伎樂紋石灯), 북위, 명당유지진열관

⑤

로 하여금 현장에서 연주되는 비파의 아름다운 선율을 귀에 들릴 듯하게 만든다.

　비파 연주가 내는 아름다운 선율 때문일까? 남북조시대에 비파는 중국 전역에서 가장 선호하는 악기의 하나였다. 신선세계에서 살기를 꿈꾸던 남조南朝의 문인, 시인과 가객歌客 가운데에도 비파를 즐겨 다루던 이들이 적지 않았다. 남조의 벽돌 무덤을 장식한 선각화線刻畵 중에는 비파를 다루는 선인仙人이 여럿 등장한다. 은일隱逸하며 술과 청담淸談으로 세월을 보냈다는 남조 죽림칠현의 삶을 묘사한 선각화에도 완함이 비파를 연주하는 장면이 나온다.

⑥

⑤ 석상 장식문, 북위(484년), 대동시박물관
⑥ 석각채회집비파용(石刻彩繪執琵琶俑), 당, 감숙성박물관

비파의 연주 기법은 다양하다. 어떤 연주자는 연주 도중 현을 비틀기도 하고, 몸통을 두드리기도 한다. 당나라의 유명한 시인 백거이白居易는 815년 구강군사마九江郡司馬로 좌천되었다가 우연히 한 여인의 비파 연주를 듣고 그 소감을 '비파행琵琶行'이라는 612자의 긴 시로 써서 후세에 남기기도 했다. 비파행 중 백거이가 강주 심양 강마루[潯陽江頭, 湓浦江頭]에서 손님과 함께 들었던 한 여인의 비파 연주와 직접 관련된 구절은 아래와 같다.

(상략)

머리 수그리고 비파에 손 맡겨 쉼 없이 튕겨 내니	低眉信手 續續彈
마음속 풀어내니 사연이 끝이 없다	說盡心中 無限事
슬쩍 눌렀다가 되치며 튕기니	輕攏慢撚 抹復挑
처음 예상이더니 육요가 뒤를 잇네	初爲霓裳 後六幺
힘 있게 튕기니 소나기가 내리붓듯 하고	大絃嘈嘈 如急雨
살짝 튕기니 귀엣말로 속삭이는 듯하다	小絃切切 如私語
급하고 애절함이 섞이고 이어지니	嘈嘈切切 錯雜彈
큰 구슬 작은 구슬 옥쟁반에 구르네	大珠小珠 落玉盤
재잘재잘 꾀꼬리 소리 꽃잎 아래로 흐르고	間關鶯語 花底滑
흐느끼는 여울물 소리 얼음 밑으로 녹아든다	幽咽流泉 氷下灘

(하략)

비
파

/

난 화려했던 장안의 삶 노래하는데
넌 작은 마을 소박한 혼례 축하하는구나
난 비단옷에 모란꽃 수놓는데
넌 무명옷에 진달래 넣는구나
난 옥구슬 쟁반에 굴리는데
넌 고둥 껍데기 소반에 올리는구나

4

사자 獅子

제왕의 상징이던 사자가 불교에서는
붓다의 가르침을 지키는 동물로 묘사된다

① 석상 다리에 장식된 사자, 북위(6세기 초), 미국 보스턴미술관

동아시아에는 사자가 없다. 인도에는 사자도 살고, 호랑이도 산다. 붓다가 형상화된 간다라에도 사자가 산다. 제왕의 상징이던 사자가 불교에서는 붓다의 가르침을 지키는 동물로 묘사된다. 이른바 호법사자護法獅子이다.

고독한 방랑자로서 이미지가 강한 호랑이와 달리 사자는 무리를 이루어 사회생활을 한다. 풍성한 갈기를 자랑하는 수사자가 무리의 우두머리로 무리를 이끌고 영역을 지킨다. 호랑이는 지키는 무리도 없고 특정한 지역의 터줏대감 같은 모습을 보이지도 않는다.

사자가 동아시아에 알려진 것은 중국의 한나라 때지만 본격적으로 소개된 시기는 남북조시대이다.[11] 그저 신이한 동물로 황제에게 진상되던 때의 사자는 잠시 경탄을 자아내다가 곧 잊히는 존재였다. 특정한 맥락 안에서 기억되지 않았기 때문일 것이다. 무엇이든 스토리텔링 방식으로 소개될 때 강하게 이미지화되기 마련이다.

붓다 신앙과 함께 알려진 사자는 5세기 중엽 사산조 페르시아에서 보내온 사자가 낙양에서 사육되기 시작한 것을 계기로 '지키는 동물'로 뚜렷이 각인되기 시작했다.[12] 일종의 수호령守護靈처럼 여겨지고 수호신에 버금가는 존재로 받아들여지게 된 것이다. 호법

② 석조서수(石彫瑞獸), 연대 미상, 명당유지진열관 ③ 사자, 연대 미상, 상해박물관
④ 석제 불상 하단의 호법사자 한 쌍, 북제, 상해박물관

사자에서 한 걸음 더 나아가 진리를 지키는 자로 그려지고 빚어지는 일이 일어나게 된 것이다.

남북조시대의 중국에서 사자는 관대棺臺 장식에도 등장하고, 무덤이나 사당 입구에도 모습을 보인다. 심지어 기와 장식에도 쌍을 이루거나 홀로 등장한다. 강력하고 신령스러운 동물이 되자 사자는 본래의 모습도다 더 기괴하고 사납게 묘사되기도 한다. 장인의 상상력과 솜씨가 더해지자 사자인 듯 사자가 아닌 듯한 동물도 그림과 조소 작품으로 모습을 보이게 된다.

왕조에 진상되어 특정한 장소에서 사육되는 일도 있었지만, 중국에서 일반 백성이 사자 실물을 보기는 어려웠다. 입에서 입으로 형상이 전해지고, 불교사원이나 사당, 무덤 장식을 통해 장인이 그리고 빚어낸 모습으로 일반인의 눈에 들어올 뿐이었다. 그런 까닭에 사자를 모델로 한 그림과 조소 작품에는 상상력이 더해질 여지가 많았다. 남북조시대와 수당隋唐시대에 사자를 모델로 삼았음에도 여러 가지 동물의 특성이 더해진 상상 속의 생명체들이 등장하는 것도 이 때문이다.

불교의 수호신장守護神將 가운데에는 사자 껍질을 머리에 쓴 채 커다란 방망이를 짚고 선 인물이 있다. 이런 형상의 본래 모델은 황금사자를 잡아 가죽을 뒤집어쓴 헤라클레스이다. 반은 신이요, 반은 사람이었던 그리스신화의 영웅 헤라클레스가 열두 가지 과제를 해결

⑤ 머리에 사자 가죽을 쓴 삼채무사용(三彩武士俑), 당, 서안박물원
⑥ 삼채용(三彩俑) 낙타의 안장에 올려진 사자머리 장식 주머니, 당, 대당서시박물관

해나가는 과정을 형상으로 그려낼 때, 주인공 헤라클레스는 머리에 황금사자의 가죽을 뒤집어쓴 모습으로 등장한다. 이후에도 단독상으로 묘사된 헤라클레스는 머리에 황금사자의 가죽을 덮어쓴 모습이다.

간다라 불교미술에서 헤라클레스는 붓다의 세계를 지키는 수호신장으로 모습을 드러낸다. 이 이미지가 동아시아로 전해지면서 사당과 무덤을 지키는 신장神將도 헤라클레스처럼 사자 가죽을 뒤집어쓴 모습으로 그려지거나 만들어진다. 시간이 흐르면서 사자 가죽은 점차 두 어깨를 덮는 장식으로 바뀌거나 심지어 배 앞을 가리는 용도로 변하면서 묘사되는 위치가 옮겨진다. 동아시아에 등장하는 새로운 유형의 헤라클레스인 셈이다.

사
자

/

너는 관대에 있구나
난 무덤 앞에 있다
난 사당 입구에 있다
사자들이 너도 나도 제 자리를 말한다

헤라클레스의 후예들은
머리에 사자 가죽을 쓴다
모자가 사자 머리다

헤라클레스의 인척들은
두 어깨에 사자 가죽을 덮는다
배에 사자 머리를 두른다

그래도 내 자리가 좋구나
난 붓다 발아래 있다
향로를 받쳐 든 난장이 역사와 함께 있다
난 짝과 함께 있다
붓다가
든든하다며 미소를 짓는다

난 낙타의 등 위에 있다
멀고 먼 길 떠나며
처자식 한 번 더 돌아보는
소그드 상인의 손끝 닿는 곳에 있다

5

낙
타 駱
駝

사막과 초원, 광야와 산지를 건너는 데에
낙타는 반드시 함께 가야 할 동물이 되었다
말보다 무거운 것을 지고도 물 없이 몇 날 며칠 고된 행군을
할 수 있는 동물은 낙타 말고는 없었으니까

① 조소, 북위, 명당유지진열관

고비사막을 주 무대로 삼아 남북, 동서를 오가던 야생 쌍봉낙타들이 사람의 손에 길든 시기는 그리 오래지 않다고 한다. 어쨌든 사람이 야생 낙타를 붙잡아 가축으로 만든 뒤, 사막과 초원, 광야와 산지를 건너는 데에 낙타는 반드시 함께 가야 할 동물이 되었다. 말보다 무거운 것을 지고도, 물 없이 몇 날 며칠 고된 행군을 할 수 있는 동물은 낙타 말고는 없었으니까.

낙타가 중국이라는 새로운 무대에 본격 등장한 것은 서진西晉 멸망을 계기로 북중국이 5호16국시대라는 대분열기에 접어든 때부터다. 그 이전, 중국의 한족에게 낙타는 북방의 유목민들이 기른다는 이국적인 동물이었다. 물론 낙타의 생김이나 용도는 알음알음으로 알고 있었고, 북중국 장성長城 근처 둔전屯田의 군인들에게 낙타는 나름대로 유용한 동물이었다. 하지만 오르도스 지방 남쪽의 한족 백성들에게 등에 혹 두 개 달린 이상한 짐승, 낙타는 낯선 존재였다.

용병과 이민을 통해 북중국에 흘러든 5호胡가 앞서거니 뒤서거니 여러 왕조를 세우기에 이르자, 낙타는 왕국들 사이의 교역에서 초원의 길이든 오아시스 길이든 동아시아와 중앙아시아, 서아시아를 잇는 교통수단으로 주목받게 되었다. 특히 만주 서북에서 내몽골 동부를 거쳐 화북華北까지 진출한 선비족 탁발씨拓拔氏는 동서 교역의 중요성을 잘 알고 있었다. 실제 내몽골의 성락(盛樂, 호화호특)을 수도로 삼아 대국代國을 세운 선비족 탁발씨 왕실은 낙타 대상隊商이 중심이 된 동서 교역을 적극적으로 후원하였다. 이즈음 낙타 대상을 조직하여 동서 교역을 주도한 사람들이 지금의 우즈베키스탄 사마르칸트에 중심을 두고 있던 소그드인들이다.

교역 감각이 탁월했던 소그드인들은 중앙아시아 사마르칸트와 타슈켄트 등지에 작은 왕국들을 세운 뒤 동아시아와 서아시아 사이의 문물 교류를 주도했다.[13] 비록 정치적으로 강대한 세력을 이루지는 못했지만, 소그드인들은 문물과 종교의 흐름을 잘 읽어내는 특유의 감각을 바탕으로 중국 남북조시대 및 수·당시대 내내 불교와 인도 및 서아시아 문화의 동방 전파, 동아시아 산물의 서방 전래에 중요한 역할을 담당하였다. 물론 소그드인들의 이런 활동은 대부분 '사막의 배'로 불리던 낙타의 등을 매개로 이루어졌다.

북위北魏가 건국될 즈음 도제 인형의 형태로 무덤에 부장되던 낙타는 수·당 시기에는 삼채三彩 도용陶俑의 주요한 소재 가운데 하나로 등장한다. 당나라 시기를 대표하는 삼채 도용 가운데 낙타는 말만큼이나 자주 구상되고 만들어져 무덤에 부장된다. 당대의 도용낙타는 단순히 뾰족한 고깔 모양 모자를 쓴 소그드인들과 함께 등장하는 정도에 그치지 않는다. 무릇 당나라의 서울이던 장안에서

② 화상전, 위진, 감숙성박물관 ③ 화상전, 북위, 대동시박물관

④

⑤

⑥

화상전의 그림으로 보면
중국의 변경에서는 낙타를
농사일에서도 썼던 것 같다.
그러나 낙타의 일반적인 용도는
장거리 짐꾼이었다.
동아시아와 중앙아시아의 쌍봉낙타는
동서무역을 주도하던 소그드인들이
다양한 교역 물품을 나르는 데에
쓰는 경우가 많았다.

④ 조소, 북위, 대동시박물관
⑤ 조소, 북위, 대동시박물관
⑥ 삼채용(三彩俑), 당, 섬서역사박물관

낙타는 매우 익숙한 동물이었던 듯하다. 예컨데 귀족 관료의 가족들이 무리를 지어 낙타 등 위에 앉아 있는 모습으로 묘사되는 사례도 있다.

그러나 당나라 이전 남북조시대에도 강남의 남조 여러 왕실과 귀족의 능묘에는 낙타 도용이 부장되지 않는다. 이는 남조 지역에서는 낙타를 보기도 어려웠고 낙타의 모습이나 용도 역시 별다른 관심의 대상이 아니었음을 의미한다. 당나라 멸망 이후, 거란족의 요遼나라와 북중국 일부를 나누어 지배했던 북송北宋의 서울 변경에도 낙타 대상들은 그 모습을 보였지만, 능묘에 낙타 도용이 묻히는 일은 드물었다. 북방의 요나라와 서북의 토욕혼土谷渾 등에 의해 직접적인 동서 교역이 막혀 있던 송나라에서는 낙타를 기르거나 유용하게 써먹을 기회가 제한되었기 때문일 것이다. 물론 내몽골과 북중국 일부, 만주 대부분을 영토로 삼았던 요나라에서는 여전히 낙타가 선호되었다. 요나라는 낙타를 그림이나 조소 작품으로도 다수 남겼다. 요나라 영역 안에서는 낙타가 동서 교역에서 주요한 역할을 맡고 있었기 때문일 것이다.

낙
타
/

눈을 지그시 감고 걷는다
모래와 자갈, 진흙 위에서
하루를 보낸다
해가 져야 그늘이다
등에 올린 짐이 슬슬
무게를 더한다

바람이 분다. 코를 덮는다
어디선가 물 냄새가 난다
착각인가?
아직 물과 야자는 멀었는데
삼일은 더 걸어야
모래 속 물길 끝이 보이는데

풀과 나무 냄새도 난다
길을 잘못 들었나?
내가 지쳤나?
낙타가 조용히 무릎을 꿇는다
그의 마지막 숨이
모래사막 열기 속으로 가무라진다

七 · 자연

1

말[馬]

말은 사람이 의도적으로 길들인 짐승이다
기원전 5천 년 즈음 유라시아의 초원지대를 방랑하던
수렵채집민 가운데 한 무리가 말을 길들여 타고 다니기 시작하면서
기마민족이 출현했다고 추정하기도 한다

① 몽골말, 울란바토르, 테를지국립공원

문공文公이 회맹會盟의 맹주가 되어 춘추시대 5패霸의 하나로 이름을 남겼으나, 중원의 진晉은 6가家의 발호로 오랜 기간 내분을 겪다가 기원전 453년 한韓·위魏·조趙, 세 나라로 분열되었다. 진의 분열은 전국시대戰國時代의 개막을 알리는 신호였다. 하지만 한·위·조, 세 나라는 이웃한 다른 네 나라 가운데 세 나라, 진秦·제齊·초楚와 비교하면 국력이 떨어졌다. 사실 한·위·조의 힘으로는 북방의 연燕나라도 일대일로 맞서기에 쉽지 않은 상대였다. 이런 까닭에 삼진三晉으로 불렸던 세 나라는 각기 나름의 방식으로 국력 증대에 힘썼다. 조는 무령왕武靈王 때에 유목세계로부터 호복胡服과 기마술을 받아들이면서 일약 군사적 강국으로 발돋움하였다.[1]

춘추시대와 전국시대의 중국에서 국력의 강약은 얼마나 많은 전차戰車를 보유하고 있는지로 판단되었다. 전차는 앞서 상주商周시대에도 사용되었지만, 전투에 동원되는 수량에는 제한이 있었다. 말이 끄는 전차를 마련하는 비용도 만만치 않았고, 말과 마차를 제대로 다루며 전투를 진행하기가 그리 쉽지는 않았던 까닭이다.

춘추·전국시대에는 거의 매번 전투 때마다 전차가 수십에서 수백 대씩 동원되었다. 실제 전장에서 전차부대를 얼마나 잘 운용하

② 청동전차(靑銅戰車)와 말, 후한, 감숙성박물관 ③ 전차갱(戰車坑)의 말과 마차, 춘추시대, 천자가육(天子駕六) 박물관 ④ 마답비연(馬踏飛燕, 날아가는 제비를 밟고 달리는 천마), 후한, 감숙성박물관

는가에 전투의 승패가 좌우되는 경우도 많았다. 전차는 수레를 모는 사람과 전투를 담당하는 사람이 구별되었는데, 말과 마부의 호흡이 얼마나 잘 맞는지가 특히 중요했다.

육중한 전차는 현대전의 탱크와 비슷해서 시야가 훤히 트인 평원지대의 전투에서는 극히 유용했지만, 험한 산악지형에서는 무용지물이나 마찬가지였다. 전차가 제 기능을 발휘하지 못하기는 숲에서도 마찬가지였다. 이와 달리 단출하게 입고 말을 달리는 기마병은 산골짝과 수풀 사이를 마음대로 오가면서 전투할 수 있었다. 바위투성이 암산巖山이나 숲 깊은 곳에서 전투가 일어난다면 전차는 평원지대에 대기시켜 놓는 수밖에 없었다.

말은 사람이 의도적으로 길들인 짐승이다. 기원전 5천 년 즈음 유라시아의 초원지대를 방랑하던 수렵채집민 가운데 한 무리가 말을 길들여 타고 다니기 시작하면서 기마민족이 출현했다고 추정하기도 한다.[2] 흑해와 카스피해 사이 초원지대에서 시작된 기마문화는 동서로 확장되고, 다시 남으로 전해져 소아시아와 메소포타미아의 농경문화와 만나면서 '말이 끄는 전투용 수레'가 새로운 무장수단이 되게 만들었다. 히타이트는 전차전 능력을 바탕으로 소아시아를 석권한 고대 제국이다. 중국의 고대국가 상도 전차부대를 앞세워 중원을 제패했을 것이다.

전국시대의 조나라는 호복의 기마병과 전차병을 적절히 운용하여 이웃 나라를 제압하고 군사적 우위를 유지하였다. 그러나 이런 조나라도 서북방의 융적戎狄과 싸우면서 성장한 서쪽의 진나라에는 상대가 되지 않았다. 진나라는 엄격한 규율, 병사의 강한 체력 위에 호복과 기마술을 더하면서 전국시대의 다른 여섯 나라를 차례로 제압해 나갔다.

진의 뒤를 이은 한나라도 상당한 규모의 기마부대를 유지했다. 그러나 한의 기마병은 북방의 초원 세계를 통일한 흉노匈奴의 상대가 되지 못했다. 한이 흉노보다 우세한 것은 병력의 수, 동원할 수 있는 물자의 양이었다. 진한秦漢시대에 기동력을 자랑하는 기마병들이 대거 등장하면서 전투력이 떨어지는 전차부대는 규모가 줄어들었고 결국, 폐지되었다.

한무제漢武帝는 흉노와의 전쟁에서 주도권을 잡기 위해 서북 초원지대의 강자 오손烏孫의 한혈마汗血馬를 수입해 중국의 전투마로 사용하려 했다. 장건張騫은 대월지大月氏, 오손 등 흉노와 맞설 수 있는 동맹을 얻고 한혈마를 얻기 위해 여러 차례 서역행을 시도했다.[3] 동맹은 성사되지 못했지만, 수십 년에 걸친 장건의 서역행을 통해 서역 세계의 지리와 문물에 대한 정보가 대거 중국에 알려졌다.[4]

무위武威의 뇌대한묘雷臺漢墓에서 발굴된 '나는 제비를 밟고 달리는 천마[마답비연馬踏飛燕]'상은 최고의 말을 얻어 흉노제국과의 전쟁에서 이겨보려는 한나라의 염원을 잘 보여준다. 한나라 장인의 빼어난 솜씨를 보여주는 이 청동 천마天馬는 청년 장군 곽거병霍去病의 활약으로 흉노의 본거지였던 기련산맥 일대를 뺏고, 무위를 전방 전초기지로 삼게 된 경위를 알게 하는 작품이기도 하다.[5] 그런데 중국의 전차를 끌던 토종말과 흉노족이 타고 다니던 키 작은 몽골 말은 도대체 어떤 점이 달랐던 것일까?

말
/

천 리 너머에 뭐가 있느냐 묻는다
사방이 열린 여기서
천 리 너머가 보이지 않는가?

흉
노
/

말과 소, 염소와 양은 친구다
양식이다
수레다

비탈이든 평지든 풀 있는 곳이면
함께 다닌다
여울이든 시내든 물 마실 곳은
같이 걷는다

강변에서 곡식 뿌리던 사람들이
떼 지어
몰려와 초원을 내놓으란다
산비탈에서 채소 심던 사람들이
무리 지어
을러대며 비탈 풀밭 내놓으란다

말과 소, 염소와 양은 친구다
양식이다
저들과 싸우다 지쳐
사막 너머
새 땅 찾아 떠난다
말과 소, 염소와 양과 먼 길 걷는다

2

소 [牛]

소는 희생과 봉사의 대명사다
그런 때문인지 소는 동서고금에 신으로 받들어졌다
인간의 역사에서 맹수도 아니면서
가장 오랜 기간 우상으로 남은 짐승이 소다

① 뿔이 긴 홍색 도제 소, 북제(570년), 산서성박물원

소는 희생과 봉사의 대명사다. 실제 소는 사람이 키우는 가축 가운데 일을 가장 많이 한다. 소의 고기와 젖은 사람이 먹고 마시기에 적당하고, 가죽과 뿔은 쓰임새가 많다. 그런 때문인지 소는 동서고금에 신으로 받들어졌다. 인간의 역사에서 맹수도 아니면서 가장 오랜 기간 우상으로 남은 짐승이 소다.

유목사회에서도 소는 가치 있는 목축 대상이다. 농경사회에서 소는 아예 특별한 취급을 받는 짐승이다. 쟁기를 끌어 밭갈이를 돕고, 사람을 위해 짐 실은 수레를 끄는 소를 사람들은 가축 중의 가축으로 여긴다. 말과 노새로도 쟁기를 끌지만, 말이나 노새는 소처럼 농부의 뜻대로 움직여주지는 않는다. 사람이 부리는 가축 가운데 소만큼 근력과 지구력이 출중한 짐승도 없다.

중국의 상나라에서 소는 제사용 희생 짐승으로 유용하고 귀중했다. 상나라에서 소의 견갑골肩胛骨은 거북의 배딱지와 함께 골점骨占 재료로 높은 가치가 매겨졌다. 상나라를 이은 주나라에서 소는 제후들의 회맹會盟 의식에서 중심 희생 동물로 사용되었다. 춘추오패春秋五霸로 불리는 춘추시대 강국의 제후들은 회맹 때, 희생된 소의 피를 입술에 발라 나라 사이 신의의 징표로 삼았다. 춘추시대 이후,

② 홍각사우골(虹刻辭牛骨, 소 견갑골에 새겨진 갑골문), 상[무정(武丁) 시기], 기원전 1250년~기원전 1192년
사이), 국가박물관 ③ 소머리 새 몸의 문신(門神), 북제(571년), 채회석조묘문(彩繪石雕墓門), 산서성박물원

④ 목제 우차, 전한, 감숙성박물관 ⑤ 우차(彩繪繁甲式車頂陶牛車, 부인용 수레를 끄는 점박이 무늬 암소),
북위, 대동시박물관 ⑥ 우경, 위진 화상전, 감숙성박물관(감숙성문물고고연구소 소장)

패권을 잡은 국가와 왕, 제후를 가리키며 '쇠귀[牛耳]를 잡았다'는 표현을 쓰게 된 것도 회맹 의식의 이런 절차로 말미암은 것이다.[6]

전한前漢시대를 끝으로 말이 끄는 수레가 더는 전차로 사용되지 않게 되자, 제후와 귀족들은 소가 끄는 수레를 타고 다님으로써 신분과 지위를 과시하기 시작했다. 북중국의 5호16국시대에 불교가 크게 유행하자 귀족과 비슷한 대우를 받게 된 일부 승려 역시 소가 끄는 수레를 탔다. 하늘에 제사 지낼 때 희생 동물로 소를 쓰고, 불교에서 진리를 찾는 과정에서 소가 중요한 역할을 했다는 설화가 '심우도尋牛圖'로 그려지면서 소가 새삼 주목받은 까닭일까? 남북조시대의 제후와 귀족, 승려 사이에서는 소가 끄는 수레를 타고 다니는 것이 상식이 되었다.

희생제의의 으뜸 동물이자, 밭갈이나 논갈이 쟁기질에 반드시 있어야 하는 짐승이던 소는 이런 역할 때문인지, 자연스레 농업의 신으로 여겨지고 해가 지는 서쪽 세계를 주관하는 존재로 이해되었다.[7] 한나라 시기에 섬북, 산서지방에서 만들어지던 무덤 화상석에 소머리의 신이 등장하는 것도 이 때문인 듯하다. 중국을 포함한 동서고금에 소는 가까이에 두면 덕과 힘이 되고, 때로 양식도 되는 가치 있고 귀한 존재였다.

급할 때는 양식으로 삼을 수도 있지만, 전통사회에서 소는 농사를 돕는 귀중한 재산이기도 했으므로 단순히 잡아먹기 위해 도살하

는 것은 원칙적으로 금지되었다. 고대와 중세 동아시아에서는 특별한 허가를 거치지 않고 소를 도살했을 경우, 도살한 자를 사형에 처하고 해당 지역의 관리는 별도로 처벌하기도 했다.

신을 위한 옷감을 짜던 직녀織女 자신이 베 짜기의 신으로 숭배되었듯이, 직녀의 배우자인 견우牽牛는 신을 위해 희생되는 소를 끄는 목동이자 소를 희생으로 받는 신으로 신앙되었다.[8]

견우의 별자리와 직녀의 별자리, 견우성과 직녀성은 농사와 베짜기로 한 해를 보내는 중국 고대의 평범한 백성들이 가장 열심히 믿고 기도하는 별자리 신이었다. 후한시대에 하남과 산동의 한 화상석에 견우성과 직녀성, 견우와 직녀의 모습이 새겨진 것도 이런 저간의 사정을 잘 보여준다.

⑦ 별자리 신 견우와 직녀, 후한 화상석, 남양한화관

소
／

신의 짐승이니
신의 말씀을 뼈에 담는다
신의 짐승이니
신의 뜻을 귀에 싣는다
신의 짐승이니
신이 몸에 내린다

신이 되기도 하고
친구가 되기도 한다
먹을 곡식 심는 걸 돕기도 하고
먹을 양식이 되기도 한다
때로는 옷이 되고
때로는 수레가 된다

하늘에서 별 되어
우리를 비추면
어머니는 정한수 앞에 놓고
오늘 하루
의식주가 온전하기를
빈다
새벽을 함께한
외양간 소가
아침 여물 기다리며
어머니 어깨에 순한 눈길을
얹는다

3

개 [狗]

개는 사람과 함께 산 최초의 동물이다
스스로 사람의 가축이 된 첫 짐승이기도 하다
사람과 함께 살면서 개는 주인의 집을 지키고
사냥에 따라가 화살이나 창에 맞아 쓰러진 동물의 위치를 알려준다
때로 주인을 지키려고 목숨 걸고 맹수에게 달려들기도 한다

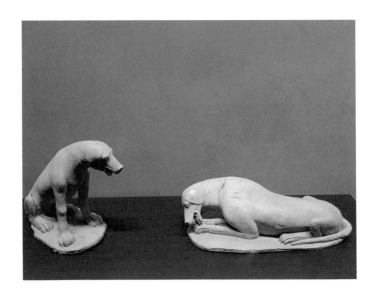

① 도제 개, 북위, 대동시박물관

'개처럼 벌어서 정승처럼 쓰라'는 말이 있다. 수단을 가리지 말고, 비천하고 경멸스럽게 여겨지는 일이라도 개의치 말고, 열심히, 부지런히, 쉼 없이 일하여 벌고, 또 벌어 그것으로 고급스럽고 품위 있게 살라는 뜻이리라. 행간에는 '개는 그렇게 한다'라는 의미가 숨어 있다고 해도 될 것이다.

사람이 처음 길들인 동물이 개라고 한다. 후기 구석기시대 사람들의 임시 주거지 근처를 어슬렁거리다가 사람이 먹고 버린 짐승 뼈를 핥다가 슬그머니 사냥에 따라 나가면서 도움을 주고받은 사람과 함께 살게 된 게 계기가 되었는지도 모른다.[9] 어쨌든 개는 사람과 함께 산 최초의 동물이다. 스스로 사람의 가축이 된 첫 짐승이기도 하다. 그런 점에서는 고양이도 이와 비슷한 경로를 걸었을 수 있지만, 고양이는 사람과 함께 살면서도 야생성을 상당히 강하게 유지하고 있다. 이런 점에서 고양이는 사람을 주인으로 섬기는 개와 다르다.

사람과 함께 살면서 개는 주인의 집을 지키고 사냥에 따라가 화살이나 창에 맞아 쓰러진 동물의 위치를 알려준다. 때로 주인을 지키려고 목숨 걸고 맹수에게 달려들기도 한다. 주인을 살리려다 죽은 충견

중국의 한대(漢代) 유적에서는 도제 개가 자주 발견된다.

비교적 살진 개는 대개 목줄이 둘려져 있어

궁궐이나 저택에서 길러지고 있었음을 알 수 있다.

외형만으로도 다섯 종이 넘는 한나라 시기의 개는

도제 누각(樓閣)의 입구나 문 안에 엎드린 자세로 놓인 경우도 많아

이 당시 개의 쓰임새를 알 수 있게 한다.

뼈다귀를 물어뜯는 북위시대 개의 모습은 사람이 버린 음식 찌끼를 포함하여

개의 먹이가 되었던 여러 가지 음식에 대한 정보를 전해준다.

② 애완용 개를 안고 있는 여인, 당, 대당서시박물관
③ 개 모양 도제 그릇 규(狗形陶鬹), 대문구문화(기원전 4200년~기원전 2500년), 국가박물관
④ 도제 개, 한, 서안박물원

忠犬을 기리는 이야기는 동서고금 어디에서나 찾아볼 수 있다.[10]

중국의 상나라 때에 개는 희생으로 쓰이는 주요한 동물 중 하나였다. 신의 뜻을 묻는 제사를 자주 지냈던 상나라 사람들은 개를 다른 동물들과 함께 희생으로 썼다. 하남 안양의 은허殷墟에서 찾아낸 갑골甲骨에는 개를 희생으로 쓴 이야기가 자주 보인다.[11]

> "갑술일에 물었다. 세 마리의 양, 세 마리의 개, 세 마리의 돼지를 바쳐 바람을 잠재우는 제사를 지내도 괜찮을까요?"
>
> "을해일에 복을 하고 물었다. 오늘 세 마리의 양과 두 마리의 거세한 돼지, 세 마리의 개를 불에 태워서 바칠까요?"
>
> "물었다. 동방의 신에게 체禘 제사를 지내려 합니다. 개는 땅에 묻고, 우리에서 키운 세 마리 양은 불에 태우고, 황소는 잘라서 바쳐도 괜찮을까요?"

중국 북방의 유목, 수렵민족이던 오환烏桓과 선비鮮卑 사람들에게 개는 영혼을 인도하는 동물로 여겨졌다. 오환과 선비 사람들은 개를 죽은 사람과 함께 묻었다. 죽은 자의 혼이 조상신의 나라로 갈 때, 개가 길잡이 노릇을 한다고 믿었기 때문이다.

상나라 이후, 개를 희생으로 쓴 기록은 확인되지 않는다. 하지만 개가 집을 지키고 사냥을 돕는 짐승으로 사람과 함께 지냈다는 사

⑤

실은 무덤에서 발견된 도제陶製 개를 통해 확인할 수 있다.[12] 한나라 때 만든 도제 저택 모형에는 집 지키는 개가 함께 등장한다. 한漢 화상석의 사냥장면에 빠짐없이 등장하는 동물 가운데 하나도 개다.

당나라 때에는 애완용 개도 등장하는데, 귀부인의 품에 안겨 있는 모습을 삼채三彩 도용陶俑을 통해 확인할 수 있다. 현대 사회에서 반려동물로 인기가 높은 개가 중국에서는 이미 당나라 때에 비슷한 지위를 얻어 호강하기도 했음을 미루어 짐작할 수 있다. '개팔자가 상팔자'라는 말도 근심·걱정 없이 마당에 앉아 빈둥거리는 개를 가리킨 것이 아니라 당나라 귀부인의 품에 안겨 사랑받으며 지내던 개를 보며 노역과 세금에 시달리던 평범한 백성들이 지어낸 것이 아닐지…

⑤ 도제 개[홍유도구(紅釉陶狗)], 한, 하남박물원,

개
/

집 사이에 들어가
슬그머니 주저앉았다
먹거리 얻는 대신
낯선 이 오면 짖어주었다

무덤에 함께 누워
저세상 길잡이 되어 주었다
어느 길로 갈지 앞서가며
새 세상 문지방도
같이 넘었다

살래살래
꼬리치며 반겼더니
품에 안고 놓지 않았다
사냥터 나갈 일 없이
귀부인의 방에서
상팔자로 살았다

4

돼 [彘·豕]
지

사람과 함께 살게 된 짐승 가운데
야생성을 가장 강하게 유지하고 있는 짐승이 돼지라고 한다
사람들은 의아해할 것이다
돼지가 야생성을 유지하고 있다니?

① 새끼 여러 마리와 함께 있는 어미 돼지(석제 돼지, 石猪), 전한, 국가박물관

사람과 함께 살게 된 짐승 가운데 야생성을 가장 강하게 유지하고 있는 짐승이 돼지라고 한다. 하긴 고양이도 야생성을 거의 그대로 지닌 짐승이라고 할 수 있으니, 돼지와 고양이는 그저 잠시 사람과 함께 지내는 야생의 손님이라고 해도 과언이 아니다. 사람들은 의아해할 것이다. 돼지가 야생성을 유지하고 있다니?

실제 돼지가 야생성을 강하게 유지하고 있음은 사람의 손에서 놓인 돼지가 석 달 안에 다시 엄니가 나오고 주둥이도 길어지는 등 집돼지에서 멧돼지로 모습이 바뀌는 데서 잘 드러난다. 소와 개는 사람의 손에서 놓이면 자연으로 되돌아가는 데에 어려움을 겪다가 빨리 죽기도 한다. 하지만 고양이와 돼지는 바로 자연에 적응해 조상들과 같은 삶을 누린다.

신석기시대부터 사람과 함께 살게 된 돼지는 오랜 기간 야생의 모습을 유지했다. 유명한 하모도유지 출토 도제 발鉢 장식 그림에서 보듯이 중국의 신석기시대 토기에 묘사된 돼지는 야생의 돼지 그대로다. 물론 대문구문화유지 출토 돼지 모양의 그릇을 통해 확인할 수 있듯이 신석기시대에 이미 돼지는 가축화되어 집돼지의 형상을 지니게 되었다. 한나라 때 이미 집돼지는 여러 종류가 있었다.

② 저문도발(猪紋陶鉢, 돼지가 그려진 그릇), 하모도문화(기원전 5000년~기원전 4500년), 하모도박물관
③ 돼지 모양 도제 그릇 규(猪形陶鬶), 대문구문화(기원전 4200년~기원전 2500년), 국가박물관
④ 갈기가 서 있는 도제 돼지(釉陶猪), 북위, 대동시박물관
⑤ 녹유도저권(綠釉陶猪圈, 우리에 누운 돼지), 후한, 국가박물관

그러나 북위시대에도 집돼지 가운데에 멧돼지와 거의 구분하기 어려운 종류가 있었던 것도 사실이다.

돼지는 상나라 때에 개, 소와 함께 제의에 올리는 희생 가운데 하나였다.[13] 중국에서 돼지는 거의 모든 제사에 등장하는 희생 짐승이자 먹거리였다. 중국의 요리에서 돼지고기를 재료로 삼은 음식은 종류를 헤아릴 수 없을 정도로 많다. 지금도 중국에서 돼지고기는 요리의 필수 재료 가운데 하나이다.

소와 달리 돼지는 먹기 위해 키우는 짐승이다.[14] 개는 집을 지키고 사냥 나갈 때 주인을 따라 나간다. 소는 쟁기를 끌고 수레를 끈다. 하지만 돼지는 그렇지 않다. 돼지는 사람의 일상사에 도움을 주지 않는다. 돼지는 사람이 먹다 남긴 음식 찌끼와 똥으로 키우다가 잡아먹는 짐승이다. 우리 안에서 돌아다니다가 사람이 눈 똥을 받아먹는 돼지의 모습은 이미 한나라 때부터 도제 인형의 형태로 만들어졌다. 돼지는 일종의 가정 청소동물이자 요긴한 단백질 공급원이었던 셈이다.

돼지는 평민이나 귀족 누구에게나 친숙한 동물이기도 하다. 키우기도 쉽고 관리하는 데에도 큰 어려움이 없다. 게다가 소나 말, 개와 달리 새끼를 자주 많이 낳고 병에도 강하다. 소나 말과 비교하면 번식 주기가 상대적으로 짧아 재산 형성과 증식에도 상당한 도움이 된다. 돼지가 돈, 복의 상징으로 여겨진 것도 이 때문이다.

⑥ 도제 돼지(釉陶猪), 한, 서안박물원　⑦ 도제 돼지(釉陶猪), 한, 서안박물원

사실 돼지는 똑똑하고 깨끗한 동물이다. 사람을 잘 알아보고 손님과 주인, 집안 식구를 일일이 구별하므로 놓아기르는 돼지는 개처럼 집 지키는 데에도 유용하다. 매우 깨끗하게 자신의 몸을 관리하는 동물이기도 하다. 환경에 대한 적응력도 뛰어나며 잡식성이어서 음식을 가리지 않는다.

전한 경제의 양릉陽陵에 껴묻거리로 묻힌 도제 가축 가운데 소, 양, 개와 함께 큰 무리를 이루는 짐승이 돼지다. 비교적 가축화가 잘 된 모습의 돼지는 황제의 궁궐 뒤뜰이든, 평민 백성의 앞마당이나 화장실 곁에서든 어디서나 잘 적응하며 주인의 마음을 푸근하게 했을 것이다. 암돼지 한 마리 잘 키우면 순식간에 스무 마리, 서른 마리로 불 테니까 말이다.

돼
지
／

먹는다
먹고 쉬면서도 뭘 먹을지 생각하고
그걸 찾아내 먹는다

먹는다
먹는 게 복이다
먹는 걸 주면 주인이요
본체만체하면 손님이다

새끼 열 마리 낳으면 된다
스무 마리면 더 좋다
낳을수록
먹을 걸 더 많이 준다
주고 또 준다

먹고 누워 쉬다가도
사람이 오면 일어난다. 짧은 목 빼고 쳐다보며
바닥에 똥 한 덩어리
떨어뜨릴 때를 기다린다

똥을 먹고
똥을 눈다
말똥구리, 소똥구리가 아니라도
똥을 먹고
똥을 눈다

똥이 살이 되고
살이 새끼가 되면
주인은 기뻐하며
바닥에 똥 한 덩어리 더 떨어뜨린다

5

새 [鳥]

중국을 포함한 동아시아 여러 지역에서
새는 땅과 하늘을 잇는 하늘의 전령傳令이었다
중국의 어떤 지역에서 새는 때로 신이 잠시 세상에 오며
자신의 본모습을 감추기 위해 변신한 신비로운 생명체였다
신들린 샤먼은 새를 흉내 내며 춤추다가
신의 말을 전하기도 했다

① 조존(鳥尊, 새 형태의 청동 주전자), 서주(기원전 11세기~기원전 771년), 산서성박물원
② 사엽팔봉불상문청동경(四葉八鳳佛像紋靑銅鏡), 네 쌍, 여덟 마리의 봉황과 네 구의 불상이 묘사된 청동
거울, 삼국시대 오(吳), 국가박물관

문방에 망량魍魎이나 이매魑魅를 새겨두어도 드나드는 발길에 닳고 닳으면 형체를 잃는다.[15] 그러나 눈과 마음에는 흔적이 남는다. 어느 날 펌프에서 물 올리듯이 의식의 깊은 바닥에서 이런 형상을 본 기억이 길어 올려질 수도 있다. 그러리라는 확신이 마중물이다. 그러나 아예 다른 사회가 되어 망량이며 이매가 무엇이고 어떻게 생겼는지조차 모르는 사람들에게는 의식의 바닥에서 길어 올릴 것도 없으리라.

하늘을 난다는 이유 하나만으로도 새는 선망의 대상이 되기에 충분했다. 새는 고대 중국의 회화 및 조소 예술에서 가장 먼저 작품화된 대상 가운데 하나였다. 특히 겨울이면 북쪽에서 날아오는 백로와 황새, 왜가리, 따오기 등은 그 매혹스러운 자태만으로도 저절로 감탄사를 내뱉게 하는 존재였다. 밤을 지키는 부엉이나 소쩍새, 창공 아득한 곳에서 선회하다가 순식간에 지상을 향해 꽂히듯이 내려오며 오리나 토끼를 잡아채는 매나 독수리 등에는 자연스레 신적 이미지가 덧붙었다.

중국을 포함한 동아시아 여러 지역에서 새는 땅과 하늘을 잇는 하늘의 전령傳令이었다.[16] 북방의 수렵·유목민이던 오환, 선비 사

③ 쌍조조양상아접형기(雙鵰朝陽象牙蝶形器, 해를 사이에 둔 독수리 두 마리를 새긴 나비 모양의 상아 장
식), 하모도문화(기원전 5000년~기원전 4500년), 하모도박물관 ④ 부호청동우방이(婦好青銅偶方彝, 상
부호묘 출토 청동 제기), 상무정(武丁) 시기, 기원전 11세기, 국가박물관 ⑤ 응주동분(鷹柱銅盆, 기둥 끝이
매로 장식된 청동 대야), 전국시대, 하북박물관

람들에게 새는 저 먼 북쪽, 생명의 고향에 사는 조상신에게 세상 사람의 뜻과 소망을 전할 수 있는 존재였다. 중국의 어떤 지역에서 새는 때로 신이 잠시 세상에 오며 자신의 본모습을 감추기 위해 변신한 신비로운 생명체였다. 신들린 샤먼은 새를 흉내 내며 춤추다가 신의 말을 전하기도 했다.

신석기시대부터 채색토기와 상아조각에 모습을 드러내던 새는 청동기시대 중국에서는 청동 제기를 장식하는 매우 중요한 소재의 하나가 되었다. 상주시대 청동기에서 새는 청동제 의기儀器 뚜껑의 꼭대기를 장식하기도 하고, 손잡이나 주둥이에 덧붙여지기도 했다. 때로는 청동 예기禮器의 몸통에서 두 마리가 서로 마주 보는 모습을 보여주기도 한다. 청동기가 아예 새 모양으로 만들어지는 사례도 있었다.

한나라 시기에 유행하는 박산로博山爐에서도 새는 중요한 역할

⑥ 신선의 악기 연주를 들으며 춤추는 봉황, 남조 화상전, 국가박물관

을 했다. 신선의 세계인 박산을 떠받드는 존재로 묘사되기도 하지만 보통은 박산의 꼭대기를 장식하면서 이 산이 하늘에 가까이 솟아 있는 선계仙界의 산임을 보여주었다.

진한秦漢시대에는 선가仙家의 설화에서 대붕大鵬이라는 상상 속의 거대한 새가 이야기되었다.[17] 사령四靈의 일원으로 봉황, 사신四神의 하나로 주작朱雀이 등장하기도 한다. 봉황, 주작 등은 조형상의 모델이 아열대 지방의 공작이어서 화려한 머리 깃과 날개를 지닌 존재로 묘사되는 게 일반적이었다.

신선신앙이 하늘 가까운 곳에 있는 선계로 올라가 불로불사不老不死의 존재로 무한한 수명을 누리기를 지향한 관념인 만큼, 신선가神仙家의 설화에는 신비로운 새를 타고 하늘로 올라갔다든가, 스스로 새가 되어 선계로 갔다는 식의 이야기가 자주 나온다. 이런 까닭인지 신선이 된 왕자 교喬는 생황笙篁을 불며 난새를 탄 채 하늘을 나는 모습으로 그려지기도 하고, 사람 머리의 새로 묘사되기도 한다.

위진魏晉시대를 지나 남북조에서 수·당에 이르는 시기에도 새에는 하늘로 날아올라 불사不死의 세계에 이르기를 바라는 사람들의 소망이 투사되었다. 한나라 때 주로 만들어지던 화상석 화면에서처럼 어깨에 날개가 솟은 선인들이 더는 그려지지 않지만, 공작을 모델로 삼은 난새나 봉황은 사당이나 무덤의 문을 장식하는 의미 있는 존재로 여전히 선호되고 묘사되었다.

새
/

훨훨
자유롭게 나는 게 아니다
먹고 먹힌다
제비는 잠자리 잡고
매는 제비를 잡는다

훨훨
아무 때고 멀리 여행 다니는 게 아니다
산과 강을 건너야 먹고 살 수 있다
강과 산을 지나야 쉴 수 있다

훨훨
사막과 바다를 지나
신에게 가면
당신의 몸짓을 말해준다

훨훨
산 넘고 강 건너
당신에게 오면
신의 말씀을
눈과 가슴에 넣어준다

八 · 차별

1

금 金

처음 금은 장신구를 장식하는 데에 사용되었다
선사시대의 장신구는 지금처럼 대중화된 액세서리가 아니다
신과의 소통을 돕는 도구다

① 녹두형금보요관(鹿頭形金步搖冠, 보요 장식 뿔이 올려진 사슴 머리 모양 모자 장식), 북위, 내몽골박물관

신석기시대에 처음 발견되어 사용된 금속은 금이다. 구리가 먼저 발견되었다는 의견도 있으나 구리를 사용한 제품은 금으로 만든 작품이 나온 뒤 모습을 보인다. 금은 자연 상태에서 발견된 금광석을 깨어 부수고 걸러내 녹여 특정한 형태로 만든다. 금도 구리처럼 다른 금속을 합금시키지 않으면 대단히 무르다. 단단하게 만들려면 강도가 높은 쇠를 섞는 게 좋으나 순금 특유의 맑고 노란빛을 잃게 된다.

금은 인위적으로 만든 왕수王水에 닿는 등의 특정한 조건이 아니면 결코, 부식되거나 변색되지 않는다. 이런 점에서 다른 모든 금속과 구별된다. 게다가 밀도와 연성軟性이 높아 한없이 얇게 늘릴 수도 있다. 또한 금은 다듬는 방식에 따라 형태를 매우 다양하게 바꿀 수 있다. 그런 까닭인지 발견된 직후부터 금은 귀하고 가치 있는 금속으로 우대받았다.

처음 금은 장신구를 장식하는 데에 사용되었다. 선사시대의 장신구는 지금처럼 대중화된 액세서리가 아니다. 신과의 소통을 돕는 도구다. 샤먼이 주로 사용하던 당시의 장신구 재료는 신과의 소통을 도울 수 있는 귀하고 신성한 것으로 만들어졌다.

신석기시대부터 금은 영원성의 상징으로 받아들여졌다. 실제로

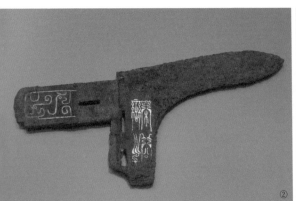

② ③

도 변치 않는 금속이므로 금은 신의 영역인 죽음과도 밀접하다. 이런 까닭에 금은 죽은 자를 보내는 의식에 다양한 방식으로 사용되었다. 사실 금제품이 처음 발견된 장소도 죽은 자의 머리맡이었다.[1]

신석기시대에 이은 청동기시대의 중국에서 금은 무기와 예기, 장신구를 장식하는 데에 사용되었다. 무기에 금으로 무늬나 글자를 넣어 어느 가문의 것이며 그 가문이 어떤 신을 섬기는지 알게 했다. 금으로 장식한 글자나 상징문이 부적符籍의 기능과 역할을 했다고 할 수 있다. 사천四川의 삼성퇴三星堆 유적에서 발견된 다수의 청동기시대 신상神像 가운데 어떤 것에는 얼굴에 금이 한 겹 씌워져 있다. 금으로 만든 신상 얼굴 형태의 가면도 출토되었다. 금이 신상의 권위를 높이는 데 사용된 경우이다.

② 송공란청동과(宋公欒靑銅戈, 금으로 송공란이라는 글자가 감입된 청동과), 춘추시대 송(宋), 국가박물관
③ 소택한오랑금정(蘇宅韓五郎金錠, 소택한오랑이라는 글자가 새겨진 금제 화폐), 남송, 상해박물관

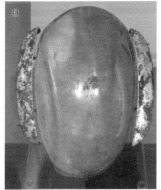

④ 대금면동인두상(戴金面銅人頭像, 금이 입혀진 청동제 신상 머리), 상(商, 사천 삼성퇴문화), 삼성퇴박물관

⑤ 응정금관식(鷹頂金冠飾, 정수리에 매를 올린 금제 관 장식), 전국시대, 내몽골박물관

⑥ 금동이패각배(金銅耳貝殼杯, 금동제 귀가 달린 조개껍질 잔), 한, 캐나다 온타리오미술관

철기시대 이후에는 금이 사용되는 범위가 매우 넓어진다. 금이 매우 높은 가치를 지닌 화폐로 만들어져 사용되는 것도 이 시기이다. 춘추·전국시대의 중국에서 금은 왕공과 귀족의 권위를 높이는 수단으로 빈번히 사용되었다. 칼 손잡이를 금실로 감는 정도에서 한 걸음 더 나아가 제사용 술잔의 손잡이를 금으로 씌운다든지, 부녀자 머리에 꽂는 장신구나 허리띠 고리를 금으로 만드는 것도 이 시기다.

중국 북방의 유목세계에서는 금으로 왕관을 만들어 왕의 머리에 씌웠다. 왕이 하늘로부터 영원한 권위를 부여받은 존재임을 나타내기 위해서다. 금이 가장 큰 권위의 상징이 되었음을 잘 보여준다. 북방민족의 유물 중에 유난히 금으로 만든 장신구가 자주 발견되는 것도 금을 하늘의 큰 신과 연결했기 때문이다.

금에 부여된 신성성은 거의 모든 종교신앙에서 금이 적극적으로 활용되는 데에서 잘 드러난다. 사람들이 가장 귀중히 여기며 숭배하는 신의 모습은 머리 꼭대기부터 발끝까지 금으로 덮였고, 작은 신상들의 경우에는 아예 금으로 만들어졌다.[2] 종교 사원에서 가장 가치 있다고 여겨지는 건물은 벽과 기둥, 심지어 지붕까지 금으로 덮었다. 물론 여기에서 사용되는 온갖 기구들이 금으로 만들어지거나 금으로 덮이는 건 매우 당연하고 자연스러운 현상이다.

유사 이래 대부분의 종교에서 가장 높은 등급의 성직자는 금으로 장식된 모자, 금실로 수 놓은 옷, 금이 덮인 지팡이 등을 쓰고, 입고, 들고 제의를 집행한다. 다이아몬드나 사파이어, 에메랄드 같은 보석은 금으로 만든 온갖 기구와 도구, 의복을 빛내기 위한 보조물일 뿐이다. 시대와 지역에 따라 온갖 보석은 가치가 다르게 매겨진다. 그러나 금의 가치는 그대로다. 지금도 세계 각국의 부는 그 나라 중앙은행이 보유한 금의 양으로 판단되지 않는가?

금
/

초원에서 금은
영생이다
조상신 세계로 가는 길이다
이 고리에
나란히 붙은 알갱이들
살짝 휘며
물방울처럼 뻗은
이파리가
먼 길
큰 산으로
말갈기가 휘날리게 한다

얼음과 눈이
회색과 갈색 바위 사이로
개울이 되어 흐르는
긴 골짝
끝 틈서리에서
아침 햇살이 들어오면
귓불은 금빛이 되고
초원의 속살이 다시 열린다

해마다
바위산 골짝
이 끝에서 저 끝으로
한 떼의
생명이
금빛 문 너머
녹색 풀밭 길을 걷는다

초원에서 금은
삶이다
생명의 세상을 여는
열쇠다

2

문 자 文子

중국에서도 가장 이른 시기에
문자문화를 발전시킨 곳은
황하 일대의 신석기 및 청동기 사회이다
무문자 청동기문화 단계를 지나 명문銘文이 새겨진 청동기를
다수 만들어낸 지역도 황하 일대이다

한때 문자가 나타났던지를 기준으로 역사가 시작되었는지를 따졌다. 문자가 없던 시기를 선사시대로 본 것이다. 아마 지금도 문자가 선사와 역사를 나누는 기준이라고 생각하는 사람이 많을 것이다. 그러나 가만히 잘 따져보면 문자로 역사시대 진입 여부를 따지는 게 장거리 발사 무기인 '활'을 발명하여 사용하는지 아닌지로 선사 수렵문화를 앞뒤 시기로 나누는 것보다 오히려 모호한 기준일 수도 있겠다는 생각이 든다.

실제 현재의 중국 안과 바깥에는 문자를 기록수단으로 삼지 않았던 다수의 청동기문화 사회도 여럿 있었다. 사천의 삼성퇴 청동기문화를 발전시킨 사회는 고유의 문자 체계가 없었고 이웃한 상·주 사회의 한자를 빌려 역사와 문화를 기록해 남기지도 않았다. 중국 한나라 시기에 운남 곤명을 중심으로 번성했던 이족彝族의 전국滇國도 고유의 문자문화를 발달시키지 않은 채 기원이 비교적 오랜 청동기문화를 기반으로 국가를 운영하였다.[3]

양자강 하류 일대에서 고도의 옥玉문화를 발전시켰던 하모도河姆渡와 양저良渚 신석기 사회는 이미 상당한 수준의 신분제 사회를 발달시켜 사실상 왕국 단계에 진입한 상태였다. 그런데도 하모도

① 왕령렴인협전각사우골(王令僉人協田刻辭牛骨, 왕령렴인협전이라는 갑골문을 새긴 소 견갑골), 상 후기(기원전 14세기~기원전 11세기), 국가박물관

와 양저 사람들은 간단한 기호 몇 개 외에는 체계화된 문자 형태의 소통 수단을 지니고 있지 않았다.

아시아와 유럽 지역의 유목민족 가운데에는 청동기문화 단계에 들어서도 문자를 기록수단으로 삼지 않았던 사례가 자주 발견된다. 그리스와 오랜 기간 교역하며 페르시아와 지역 패권을 두고 여러 차례 전쟁을 벌이기도 했던 스키타이는 문자문화와 거리를 둔 민족이었다. 흑해 북안과 캅카스산맥 북부 초원지대에 대형 쿠르간을 다수 남긴 스키타이계 사람들의 유적에서 문자 기록은 발견되지 않는다.

중국의 진·한 왕조와 동아시아의 패권을 두고 오랜 기간 다투었던 흉노匈奴제국은 고도의 철기문화를 누리면서도 고유의 문자문화는 없었다. 그렇다고 흉노 사람들이 중국의 한자 문화를 받아들

② 패형문채도관(貝形紋彩陶罐, 아열대 고동 장식이 있는 신석기시대 토기), 마가요문화 중기 반산유형(기원전 2700년~기원전 2300년), 감숙성박물관 ③ 타원형반각부도두(椭圆形盘刻符陶豆, 여러 가지 기호가 새겨진 신석기시대 토기 안쪽), 양저문화(신석기시대), 양저박물관

인 것도 아니다. 물론 흉노제국 안에도 각국의 문자를 이해하고 사용할 수 있는 지식인 관리는 있어 문서를 작성하여 외부 세계와 교류했다.

중국에서도 가장 이른 시기에 문자문화를 발전시킨 곳은 황하 일대의 신석기 및 청동기 사회이다. 무문자 청동기문화 단계를 지나 명문銘文이 새겨진 청동기를 다수 만들어낸 지역도 황하 일대이다. 이런 사회의 주역이 상·주商·周 청동기 왕국을 잇달아 성립시켰다.

그러나 갑골문으로 잘 알려진 상나라도 문자에 익숙한 이는 특정한 계층에 한정되었다.[4] 복골卜骨을 담당하는 점복인占卜人과 제사장, 왕공들과 일부 귀족이 그들이다. 숫자상으로 얼마 되지 않았던 이들을 제외한 하급 관료와 군인, 장인, 백성들은 문자를 쓸 수

④ 사거방이(師遽方彝, 사거라는 글자가 있는 청동 예기),
서주 공왕(恭王, 기원전 10세기 중엽), 상해박물관
⑤ 덕방정(德方鼎) 내부 명문, 서주 성왕(成王, 기원전 11세기 전반), 상해박물관

도 읽을 수도 없었다. 이들에게는 일상생활에서도 문자가 별다른 의미를 지니지 않았다.

상나라 중기까지는 청동기에 명문銘文이 새겨지는 일이 거의 없었다. 전형적인 상형문자의 틀에서 벗어나지 못한 상나라 시기의 금문金文은 제사와 점복에 주로 사용되었고, 일부 내용은 갑골에 새겨졌다. 금문은 국가의 행정업무에 긴요한 문자가 아니었다.[5] 중국에서도 문자가 역사기록과 행정업무에 적극적으로 사용되기 시작한 때는 주대周代이다. 청동기의 안쪽 벽에 긴 명문이 새겨지는 것도 이즈음부터다.

흙 그릇에
멧돼지 그리고
하늘의 해와 달, 별을 그렸다
사람 손과 발 그리고
마을 앞, 산과 강도 그렸다

쇠그릇에
신의 말씀 새기고
사람의 뜻을 담았다
제사를 말하고
희생을 알렸다

백성에게
왕과 귀족이란 신과
말을 주고받는 이였다
신의 뜻이
왕과 귀족의 마음과
만나면 그것이
뼈에 새겨진다고 들었다

글이라는 걸 쓴다면
그는 백성이 아니다
글을 읽는다면
그는 마을 관리가 아니다
글은 신에게서 나와
왕과 귀족 사이로만
다녔다

3

성 城

성은 경계다. 안과 밖을 나눈다
안은 도시고 바깥은 마을이다. 성은 지키기 위해 세운다
안은 보호되고 바깥은 버려진다

성은 경계다. 안과 밖을 나눈다. 안은 도시고 바깥은 마을이다. 성은 지키기 위해 세운다. 안은 보호되고 바깥은 버려진다. 닫힌 곳과 열린 공간 사이에 벽과 문이 있다. 문 이편과 벽 저편은 다른 세계다. 안은 문명과 질서, 바깥은 야만과 무질서의 세계다. 안에는 위아래가 있지만, 바깥에는 위아래도 없다.

성은 사람으로 하여금 이념적으로도 실존적으로도 경계를 의식하게 한다. 상상으로도 실제로도 성은 경계다. 성은 너와 나를 구별하게 하고, 둘 사이에 선을 긋게 한다.

상상의 세계에서 성안은 깔끔하고 질서정연하다. 모든 것이 제자리에 있다. 성안에 살면 안전이 담보된다. 성안 사람들은 미소 지으며 여유 있게 걷고, 편안하게 자리에 앉아 우아하게 식사할 수 있다. 여인들은 단정한 표정, 화사한 옷깃을 자랑할 수 있고, 고운 피부와 부드러운 살결을 유지할 수 있다. 남자와 아이들은 지적인 눈빛, 다정한 표정으로 서로를 대하고, 조용하면서도 바른 말투로 상대를 대할 수 있다. 밤새껏 야경꾼이 돌아다니는 성안에서는 개도 사납게 짖을 필요가 없다.

성 밖은 어떤가? 벽과 문 너머의 세계는 어떤 모습일까? 온전히

② 흙과 짚을 섞어 다지며 쌓아 올린 한(漢)의 장성, 한, 감숙 둔황 인근
③ 유목과 농경의 경계에 세워진 가욕관 성루(城壘), 한, 감숙 가욕관

④ 한 성루 바깥의 내몽골 지역, 영하 영무 수동구
⑤ 방형 구획 하나, 하나를 담으로 둘러싼 당 장안성 모형, 현대, 서안박물원

열린 공간에서의 삶은 어떻게 꾸려질까? 눈 미치는 곳 너머까지, 끝 간 데 없이 아름다운 자연이 펼쳐졌는가? 논밭에는 곡식 이삭이 제 무게로 고개를 들지 못하고, 과수원의 나무에는 먹음직스러운 과일 이 주렁주렁 달렸는가? 아니다!

성 밖 마을길은 좁고 꼬불거리며 집들은 게딱지 같이 낮게 다닥 다닥 붙어 있다.[6] 길모퉁이엔 쓰레기가 쌓여 있고, 사람들의 얼굴 은 검고, 피부는 거칠다. 입은 옷은 너덜거리고 땟국이 눌어붙어 검 게 반질거린다. 남녀, 아이 누구나 무표정한 얼굴로 터덜거리며 걷 는다. 마주 보고 웃지도 않으며 허기에 시달려 뱃가죽이 등에 붙었 다. 집집이 담은 반쯤 허물었고, 초가 이엉은 오랫동안 갈지 못해 시커멓다. 성 밖 마을의 개는 지친 표정으로 쭈그리고 앉은 채 누가 지나가도 아는 체하지 않는다.

중국에서도 신석기시대 초기의 마을은 맹수를 막기 위해 간단한 목책과 도랑으로 둘러싸인 정도였지만, 신석기시대 후기부터 청동 기시대에 이르는 시기의 마을과 도시는 적의 침입에 대비해 단단한 흙벽으로 둘러싸였다. 신석기시대 초기의 마을은 목책으로 온전히 둘러싸였으나, 청동기시대의 도시는 일부만 높은 성벽으로 보호되 었다. 장성長城의 벽은 이민족과의 경계였고, 도시의 성벽은 귀족과 평민을 나누는 선이었다.

중국에서 상商과 서주西周 시대에는 성벽으로 둘러싸인 도시가 여럿 출현하는 정도로 그쳤다. 그러나 전쟁이 잦아진 춘추·전국시대는 전차가 다닐 수 있을 정도로 폭이 넓고 사다리를 걸쳐도 쉽게 오르기 어려운 높은 성벽들이 도시를 에워싸던 시기였다. 특히 전국시대에 열국列國 사이에 전쟁이 벌어지면 다양한 형태의 공성용 무기와 방어용 무기가 동원되었다. 인명 손실이 많은 공성전攻城戰에 나선 나라는 죄수들을 앞세웠다.

후대로 내려갈수록 중국 각 왕조의 수도는 많은 인구를 통제·보호하기 위해 다른 도시들보다 더 높고 단단한 성벽으로 둘러싸였다. 거대한 성벽 도시였던 당나라의 수도 장안長安은 질서정연하게 구획 지어졌다.[7] 도시 내부의 각 구역인 방坊도 각각 높은 성벽으로 둘러싸인 작은 도시로 만들어져 관리되었다.[8] 방의 출입구는 하나나 둘이었고, 통금이 있어 밤에는 안팎 출입이 금지되었다. 여러 이민족이 모인 국제도시에서 발생하기 쉬운 소요와 혼란을 예방하고 통제하기 위해서였다.

이런 점에서 성은 사람이 스스로 가두려고 만든 거대한 감옥이기도 했다.[9] 바깥 세계와 단절된 특정한 소수만의 세계였다. 성은 바깥 세계가 무질서와 혼란을 가져올 수 있다고 상상하며 만들어낸 벽 안의 질서정연한 세상이기도 했다. 그러나 질서라는 이름으로 정당화된 성안의 차별이 혼란과 무질서의 씨앗이라는 사실은 어떻게 설명하고 이해시킬 것인가?

성   성문을 지나면 또 높은 담이 있다고 했다
/   작은 문을 지나야 시장이 나오고
온갖 물건이 그곳에 있지만
돈이 없으면
손에 쥐어주지 않는다고 했다

작은 문 하나 또 지나면
광장이 나오고
죄수들이 나무에 달린 채
숨을 헐떡인다고 했다
물건 값 내지 않아도 형틀에 단다고 했다

성문 바깥, 숲과 초원에는
맹수와 독충이 우글거린다고 했다
나무와 바위가 길 잃게 하고
키 높이 풀로 앞이 가려진다고 했다

숲과 초원 사이에
사람이 살지만
거칠고 사납다고 했다
먹고 입지 못해
흉한 몰골이라고 했다

그럼, 사람은 어디 살아야 하나?
성안도 성 밖도 아닌 높은 담 위에 살아야 하나?

4

투구와 갑옷 [甲冑]

갑옷과 투구는 전투 중 군사의
머리, 가슴, 배 등의 주요 부위를
보호하기 위해 만든 방어 장비이다
초기의 갑옷은 소나 무소의
가죽으로 만들어졌다

① 채회묘금진묘무사도용(彩繪描金鎭墓武士陶俑, 무덤을 지키는 험상궂은 표정의 도제 무사 인형),
당(658년), 고원시박물관

갑옷과 투구는 전투 중 군사의 머리, 가슴, 배 등의 주요 부위를 보호하기 위해 만든 방어 장비이다. 초기의 갑옷은 소나 무소의 가죽으로 만들어졌다. 수는 적지만 코뿔소 가죽으로 만든 갑옷도 있었다. 전쟁이 잦았던 중국의 전국시대에는 갑옷을 만드는 과정을 책으로 내 제조과정에 참고할 수 있게 하기도 했다.

등나무 틀에 가죽을 덮고 가죽끈으로 꿰어 만들어지기도 했던 가죽 갑옷은 철제 병기가 널리 보급되기 시작하는 전국시대에는 쇠로 만든 철갑으로 대체되었다. 물론 쇠로 만든 철갑은 무거웠다. 게다가 만드는 데에도 상당한 비용이 들었으므로 병사들은 철갑을 마련하여 입을 수 없었다.

중국에서 갑옷과 투구가 새로운 기술로 정교하게 만들어지기 시작하는 것은 전한前漢 시기이다. 흉노와의 전쟁이 본격화하면서 갑옷甲片이 큰 찰갑札甲 외에도 작은 갑편을 가죽끈으로 꿰어 가벼우면서 신체의 각 부분을 움직이기 좋게 만든 어린갑魚鱗甲까지 만들어졌다. 여기에는 제련기술의 발달도 한몫했다.

삼국시대 촉한蜀漢에서 만든 개갑鎧甲은 오련철五鍊鐵 갑편을 사용한 것으로 알려졌다. 촉한의 개갑은 제갈량諸葛亮이 만들었다고

하여 유명세를 탔다.[10] 삼국시대 위魏에서는 전투마를 보호하기 위한 말 갑옷과 말 투구도 만들어 전장에서 사용했다. 이 시대에 만들어진 것으로 알려진 명광개明光鎧, 양당개兩當鎧 등의 갑옷은 정교하게 만든 고급스러운 무장 용구로 주로 군대의 장수들이 입었다.[11] 명광개 등은 삼국시대를 이은 위진남북조시대를 거쳐 수·당시대까지 계속 사용되었다.

양당개는 가슴을 덮는 흉갑胸甲 한 조각과 등을 덮는 배갑背甲 한 조각을 어깨와 허리에서 띠로 이어 묶은 갑옷으로 남북조시대의 군인 장교들에게 선호되었다. 명광개는 가슴과 등을 덮는 부분이 두 조각의 보호대로 덮였으며, 햇빛을 받으면 이 부분이 거울처럼 반

②마부 역할을 하던 병사용, 진, 진시황제릉문물진열청

③ 진묘무사도용(鎭墓武士陶俑, 갑주로 무장한 채 방패를 세워 짚고 있는 도제 무사 인형), 북조, 국가박물관
④ 석주(石冑, 돌로 만든 투구), 진, 섬서성고고연구원
⑤ 석개갑(石鎧甲, 돌로 만든 갑옷), 진, 섬서성고고연구원

사되어 빛났으므로 붙은 이름이다. 갑옷 가운데 명광개를 최고급으로 쳤고 실제 방어력도 높았다.

중국의 남북조시대에 양당개, 명광개 등의 고급 갑옷은 귀족 군인인 중장기병重裝騎兵이 주로 사용하는 갑옷이었다. 물론 이런 종류의 갑옷은 귀족 기병 가운데 최고위 무관이 입었다. 일반 보병은 안에 솜을 넣거나 여러 겹의 두꺼운 천으로 만든 저고리와 바지가 갑옷의 대용이었을 뿐이다.

통일제국이면서 영토 안팎으로 자주 출병하여 다양한 유형의 상대와 전투해야 했던 수나라와 당나라 때에는 남북조시대에 효용 가치가 높았던 중장기병이 크게 줄어들었다. 덩달아 말에게 투구와 갑옷을 입히는 일도 없어지게 되었다. 대신 남북조시대와 달리 관에서 제작하여 지급하는 갑옷으로 무장한 보병의 수를 크게 늘렸다.

중국에서 갑옷과 투구는 송대宋代를 경계로 더는 개량과 발전이 이루어지지 않는다. 남송南宋 시대에 화약을 재료로 만든 탄환을 발사하는 화기火器가 만들어져 전장에 사용되었기 때문이다. 송대의 철갑은 어떤 쇠뇌로도 뚫을 수 없을 정도로 단단하다고 했지만, 이후 대포와 총이 사용되기 시작하자 어떤 단단한 갑옷과 투구로도 이에 대항할 수 없게 되었다. 무겁기만 한 갑옷과 투구가 더는 필요치 않게 된 것이다.

투구와 갑옷 /

성벽처럼 단단하게 둘러쌌다
머리도 가리고
몸도 덮었다
더 단단하고 날카로운 창이
갑편 솔기 사이로
뚫고 들어갔다

무소의 가죽도 뚫렸다
코뿔소 가죽도 구멍이 났다
쇠로 만든 갑편도
쇠뇌 촉은 견뎌내지 못했다

말 탄 이들은 목에 살을 꽂았고
중장 보병은 갈고리로 끌어내리며
도끼와 철퇴를 휘둘렀다
머리는 투구로 오는
충격을 이기지 못했고
몸은 무거운 옷을
오래 견뎌내지 못했다

가볍게 입고
빨리 달려야 했다
총알과 대포가 쏟아지기 전에
자리를 옮겨야 했다
투구를 벗으니 앞이 보이고
갑옷을 풀어 내리니 달리고 구를 수 있다
사신死神의 손길을 피해
살아남을 수 있다

5

바퀴와 수레 [輪] [車]

바퀴가 만들어진 건 수레가 등장했다는 뜻이다
외바퀴 수레가 시작일 거고
사람이 그것을 끌거나 밀었을 거다

① 동차륜(銅車輪, 청동으로 만든 마차 바퀴), 전국시대, 장액박물관

②

③

② 4두마차 모형, 현대, 한양릉고고진열관 ③ 목제 전차 바퀴, 전한, 한양릉고고진열관

바퀴가 만들어진 건 수레가 등장했다는 뜻이다. 외바퀴 수레가 시작일 거고, 사람이 그것을 끌거나 밀었을 거다. 그러나 외바퀴 굴리기는 쉽지 않다. 짐 실은 상자 얹어 밀고 끌기는 더 어렵다. 두 바퀴 사이에 큰 상자를 달고 밀거나 끄는 게 더 안전하고 쉽다.

나무로 만든 통짜 바퀴로 가장 오래된 것은 기원전 3500년경 메소포타미아의 수메르인이 사용하던 수레용 통바퀴라고 한다.[12] 이때 사용된 바퀴가 전투용 수레의 부품으로 사용되었다면, 바퀴의 발명은 이보다 더 오래전이었다고 보아야 한다.

바퀴는 가장 효율적으로 동력을 전달하고 사용할 수 있게 한 도구라는 점에서 인간의 위대한 발명품 가운데 하나라고 할 수 있다. 수메르인의 통바퀴는 기원전 2000년 이후, 히타이트인에 의해 둥근 테두리와 축 사이를 여러 개의 나무 살로 이은 살바퀴로 바뀌었다. 히타이트인은 말이 끄는 수레를 전투용으로 활용한 최초의 민족 가운데 하나이다.[13] 테두리에 가죽이나 금속을 씌운 새로운 유형의 바퀴도 히타이트인의 손으로 만들어졌을 가능성이 크다.

바퀴의 개량이 빠르게 이루어진 것은 이동의 효율성을 높이기 위해서이기도 했지만, 말이 끄는 전차의 주요한 부품으로 가치가

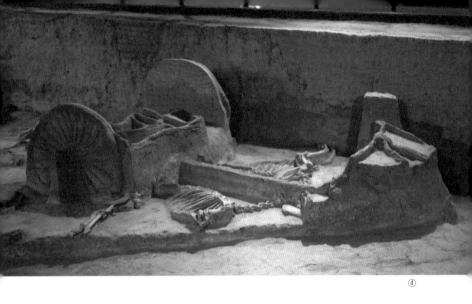

④

⑤

④ 말과 마차를 그대로 묻은 거마갱(車馬坑), 춘추시대, 천자가육박물관
⑤ 도우차(陶牛車, 소가 끄는 도제 수레), 북제, 국가박물관

높았기 때문이다. 두 다리로 걷는 보병 한 무리가 말이 끄는 한 대의 수레에 탄 전사 한둘을 당해내기 어렵다는 사실이 몇몇 전투를 통해 확인되었기 때문이다.

고대 중국에서는 제후와 귀족이 보유할 수 있는 전투용 수레의 숫자를 제한했다.[14] 전국시대에 이르러 이전 시대의 규율이 구속력을 지니지 못한 상태에서도 대부大夫가 보유할 수 있는 네 마리 말이 끄는 전차의 수는 백 대[혹은 백승百乘], 제후는 천 대[혹은 천승千乘]를 넘지 못한다는 게 상식이었다. 당시의 용어로 만승萬乘은 천자天子를 의미했다.[15] 물론 이 말은 실제 선언적 의미를 지닐 뿐이었다.

중국에서 말이 끄는 전투용 수레가 기능을 발휘한 것은 전한前漢 시기까지다. 이미 전국시대 후기, 조趙나라의 무령왕은 호복胡服 차림 기마병을 대량으로 길러내 조나라를 일약 강국으로 발돋움하게 했다.[16] 이를 둘러싼 일화로 알 수 있듯이 말이 끄는 전차부대가 전장의 주력으로 사용된 것은 전국시대를 마무리 한 진秦의 천하통일 때까지였다. 진의 뒤를 이은 전한 시대에 전투의 주력은 전차부대가 아니라 기마부대였다.

네 마리 혹은 두 마리의 말이 끄는 전차가 가공할 정도의 위력을 보일 수 있었던 전쟁터는 평원이다. 넓게 펼쳐진 평야 전투에서 무서운 힘으로 내달리는 전차는 누구도 가로막을 수 없었다. 그러나 지형이 고르지 않고 나무나 바위 같은 장애물이 많다면 전차는 앞으로 나갈 수도 없고, 되돌러 뒤로 갈 수도 없다. 험준한 지형을 만나면 전차병은 오도 가도 못 하는 신세가 될 수 있다.

흉노와 국경이 닿아 있던 전국시대의 조나라는 가벼운 호복胡服 차림으로 말 위에 올라 산야를 넘나드는 기마병의 전투력에 일찌감치 눈을 떴다. 서방의 진나라 역시 일찍부터 기마병과 전차병을 함께 썼다. 진의 뒤를 이은 한나라는 흉노 기마병에 대항하기 위해 흉노 사람들이 쓰는 말보다 더 빠른 말을 얻어 새로운 기마병을 양성하려 했다.

전투용 수레가 더는 쓸모를 지니지 않게 되자 전차는 의장용으로 사용되기 시작했다. 그러면서 전차의 본래 기능은 사람들의 뇌리에서 잊혔다. 후한後漢시대까지 다양한 형태로 남아 있던 말수레는 삼국시대부터 소가 끄는 소수레로 바뀌기 시작한다.

소가 끄는 수레는 오호16국시대와 남북조시대에는 귀족의 의장용으로 적극적으로 사용되었다. 화려한 장식의 소수레가 무덤의 부장용 기물로 등장하는 시기도 이즈음이다. 남북조시대의 귀족과 승려들은 점잖은 표정으로 소수레에 오르고 내리면서 이런 수레가 처음에는 말이 끄는 전투용 수레였다는 사실도 알지 못했을 것이다.

바퀴와 수레

아하, 이렇게 구를 수 있구나
둥근 걸 세우면 굴러다니는구나
나무도 둥글게 말면 굴릴 수 있구나

둥근 나무에 상자를 얹어도
굴러가는구나
상자에 물건을 담아도 굴러가는구나
이렇게 담아 굴리면
지고 매지 않고도 옮길 수 있구나

말에 굴레 얹어
묶으니 바퀴를 굴리는구나
바퀴에 얹은 상자를 옮기는구나
상자에 올라선
사람도 멀리 가게 하는구나

아하, 길이 없어도 가는구나
길을 내면 더 잘 가겠구나
여러 마리 말이면
여러 개 바퀴면
더 큰 상자에 더 많이 싣고
이 끝에서 저 끝까지
갈 수 있구나

말 대신 소를 쓸 수도 있구나
소 대신 순록도 쓸 수 있구나
말과 소 말고도 힘이 있으면

뭐든
수레를 끌고
작은 집도 옮겨주겠구나

6

죄^罪_囚
수
와
노_奴
예_隷

청동기시대가 되자 인간 사회는 이전과 모습이 크게 달라졌다
지배자와 피지배자가 나뉘고 국가가 성립하여
법으로 신분과 지위의 차별을 정당화하는 일이 일어났다

① 입조인족통형기(立鳥人足筒形器, 노예가 받쳐 든 통형 기물), 서주, 산서성박물원

전쟁은 청동기시대에 두드러진 인간 활동 가운데 하나이다. 이미 신석기시대 말부터 마을과 마을 사이에는 자원의 이용이나 생활권 확대를 두고 크고 작은 갈등과 전쟁이 일어났다. 그러나 국가가 성립하기 전까지 전쟁은 집단의 독점권을 둘러싼 다툼에서 크게 벗어나지 않았다. 전쟁의 결과, 한 집단이 다른 집단을 통째로 예속시키거나 노예화하는 일은 거의 일어나지 않았다.

청동기시대가 되자 인간 사회는 이전과 모습이 크게 달라졌다. 지배자와 피지배자가 나뉘고 국가가 성립하여 법으로 신분과 지위의 차별을 정당화하는 일이 일어났다. 관습법이든 성문법이든 법에 의한 지배는 다수의 죄수를 만들어냈다. 죄수는 감옥에 갇혀 있기도 했고, 처형되기도 했으며, 몸 일부에 표식이 있는 노예가 되어 국가기관과 왕실, 귀족의 공사公私 업무를 거드는 일을 담당했다.

청동기시대에 잦아진 전쟁은 다수의 전쟁 포로를 만들어냈다. 포로 가운데 일부는 처형되거나 제사의 희생물로 바쳐졌고, 다른 일부는 노예가 되었다. 노예가 된 포로는 전쟁에 동원되기도 했고, 성을 쌓거나 광산에서 광석을 캐는 노역에 시달렸다.

청동기시대의 전쟁포로, 죄수와 노예는 사람으로 예우 받지 못

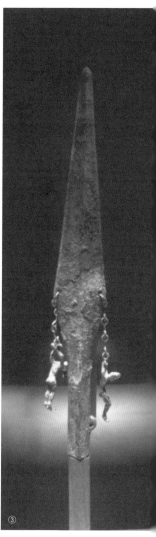

② 사모무정(司母戊鼎, 사람을 삼키는 맹수 모습이 묘사된 청동제 솥의 손잡이), 상 후기[무정(武丁) 시기],
은허박물관 ③ 적인청동모(吊人靑銅矛, 청동으로 만든 창에 매달린 포로), 전한, 국가박물관

④ 당호동정(当戶銅灯, 등잔을 받쳐 든 일꾼), 전한, 하북박물관

⑤ 녹유인물병촉대(綠釉人物柄燭臺, 촛대를 머리에 인 노예), 후한, 섬서역사박물관

하는 것이 일반적이었다. 죄수와 노예는 사실상 말하는 도구였다. 보통 죄수와 노예가 특정한 노역에 투입되면, 물과 간단한 음식만 주어진 채 죽을 때까지 그곳에서 일해야 했다. 광산에 투입된 죄수나 노예의 경우, 햇볕도 쬐지 못한 채 광석을 캐는 일만 하다가 광산 안에서 죽는 게 보통이었다.

중국의 상주商周시대 청동기에는 기물의 다리 역할을 하거나, 손잡이의 한 부분으로 묘사된 인물이 여럿 등장한다. 청동으로 만든 촛대를 받쳐 든 사람도 있다. 돌로 만든 편경編磬이나 청동제 편종編鐘과 같은 거대한 악기의 기둥이 되어 양쪽에서 무겁기 이를 데 없는 악기 걸대를 받쳐 든 모습으로 묘사된 사람도 있다. 대개 이런 인물들은 노예다.

춘추·전국시대를 거쳐 한나라 시기에 이르기까지 포로, 죄수, 노예는 야만적 생명체처럼 취급되었다. 처형에 해당하는 죄를 짓지 않더라도 죄수가 되어 발목이 잘리는 경우는 허다했다. 이마에 묵형墨刑을 당한 채 노예로 일하는 사례도 쉽게 찾아볼 수 있었다.[17] 발목이 잘린 죄수는 문지기로 일했지만,[18] 몸이 온전한 채 노역에 투입되던 죄수 가운데에는 전쟁에 동원되어 공성전의 소모품으로 앞세워지는 예도 비일비재했다.[19] 죄수 출신 노예병을 막느라 무기를 소모하고 체력적으로도 지친 상대를 뒤에서 기다리던 정예병들이 치고 들어가 전쟁을 마무리 짓는 것이 당시의 전략이기도 했다.

　　위진남북조시대를 거치면서 중국에서는 죄수나 노예로 보이는 인물이 기둥이나 다리 역할을 하는 기물이 드물게 나타나다가 결국 사라진다. 동아시아에 불교가 전해지면서 인간에 대한 인식에 큰 변화가 일어났기 때문인 듯싶다. 인간이 근본적으로 평등하고 누구나 불심佛心을 지니고 있다면, 한 사람이 다른 사람을 말하는 도구로 보고 학대하는 일도 줄어들지 않겠는가? 호한胡漢 융합이라는 시대정신 역시 사람 사이의 차별을 약화시키고 극복하게 하는 요인으로 작용하였을 수 있다. 차별이란 말도 서로 다르다는 사실을 인식하는 데서 시작되니까.

⑥ 월인수문정(刖人守門鼎, 발꿈치가 잘린 죄인 출신 노예 문지기), 서주 중기, 중국청동기박물관
⑦ 쌍면인기좌(雙面人器座, 그릇을 세워 든 두 사람의 노예), 서주, 낙양박물관

차별

서로 다르다고 했다
개와 고양이처럼 다른 게 아니라
하늘과 땅이 다른 것과 같다고 했다
서로 다르다고 했다
이쪽과 저쪽에서 마주 보는 게 아니라
아래에서 쳐다보고 위에서 내려다보는
그런 사이라 했다
서로 다르다고 했다
처음 온 자와 나중 온 자가 아니라
올 수 있는 이와 와서는 안 되는 이가
한자리에 있지 못하는
그런 사이라고 했다

붓다가 와서
다 아니라고 할 때까지
우리는 그렇게
떨어져 있었다
하나는 절름발이 되어 문 앞에 서 있었고
다른 하나는 커다란 기와집 안채 안쪽에
조용히 앉아 있었다
둘은 하나였지만
멀리 떨어져
눈길도 나누지 못하고 있었다

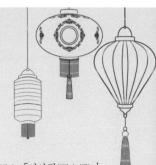

一. 종교

1) 『산해경(山海經)』에 의하면, 서왕모의 거처는 '옥산(玉山, 「서산경(西山經)」'
  에서 '염화지산(炎火之山, 「대황서경(大荒西經)」'으로, 다시 '곤륜허북(昆侖
  虛北, 「해내북경(海內北經)」'으로 바뀐다.

2) "崑崙… 山高平地三萬六千里 上有三角 方廣萬里 形似偃盆 下狹上廣 故名曰
  崑崙山": 『十洲記』.

3) 본래 서왕모는 무서운 질병과 형벌을 관장하는 여신으로 생김새도 험악했다
  ("又西三百五十里 曰玉山 是西王母所居也 西王母其狀如人 豹尾 虎齒 而善嘯
  蓬髮戴勝 是司天之厲及五殘": 『山海經』, 「西山經」; "玉山是西王母所居也 西
  王母其狀女人 豹尾虎齒而善嘯 蓬髮勝 是司天之厲及五殘": 『山海經』, 「西山
  經」). 서왕모가 아름다운 용모의 여인으로 외모가 바뀌는 건 위진(魏晉) 시기
  이다("視之可年三十許 脩短得中 天姿菴藹 雲顏絶世 眞靈人也(下略)": 『漢武
  內傳』).

4) 이경하, 2019, 『바리공·바리데기』, 서울대학교출판문화원.

5) "崑崙之丘 是實惟帝之下都 神陸吾司之 其神狀虎身而九尾 人面而虎爪 是神也
  司天之九部及帝之有時": 『山海經』, 「西山經」.

6) 5호16국시대 북중국 일대에 불교신앙이 확산되는 과정과 그 결과는 鎌田茂雄,
  1978, 『中國佛敎史』(1985, 鄭舜日 譯, 民族社, 58~60쪽)에 잘 묘사되어 있다.

7) 현대 중국의 문화대혁명 기간에도 삼무일종(三武一宗)에 의한 폐불(북위 태무
  제, 북주 무제, 당 무종, 후주 세종이 주도한 불교 탄압. 북주 무제 때에는 도교
  도 함께 억압되었고, 당 무종 때에는 마니교, 네스토리우스파 기독교 등등 여러

외래 종교가 모두 금지되었다) 못지않은 불교 유적 훼손이 이루어졌다고 한다.

8) 양거산(梁渠山)의 효(囂)라는 새는 날개가 셋, 외눈에 개 꼬리를 하고, 까치 같이 우는데, 이것을 먹으면 복통이 낫고 설사를 멈춘다(『山海經』, 「北山經」). 영제산(英鞮山)의 염유어(冉遺魚)는 뱀 머리에 발이 여섯인 물고기로 눈은 말 귀 같다. 이것을 먹으며 가위눌리지 않고 흉한 일도 막는다(山海經』, 「西山經」). 이외에 신통한 효과를 보이는 약으로 소개되는 새와 짐승이 산과 바다에 널려 있다.

9) 정식 명칭은 梁貞白先生陶弘景纂, 『洞玄靈寶真靈位業圖』이다.

10) 王龍, 2013, 「山東地區漢代博山爐研究」, 산둥대 석사학위논문는 중국 박산로에 대한 최근의 연구 성과이다.

11) 실제 박산로가 자주 사용된 곳은 연회의 술자리였다. 술꾼들에게는 술과 음악을 함께 즐기는 자리가 신선경 아니겠는가?("上金殿, 著玉樽, 延貴客, 入金門, 入金金門, 上金堂, 東厨具肴膳, 椎牛烹猪羊, 主人前进酒, 弹瑟为清商, 投投壶对弹棋, 博奕并复行, 朱火颺烟雾, 博山吐微香清蹲发朱颜, 四坐乐且康 今日乐相乐延年寿千霜": 『詩紀』卷7, 「古詩類苑」45, 選詩拾遺, 古歌 上金殿)

12) "汉 使骠骑将军去病 将万骑出 陇西 …… 破得 休屠王 祭天金人": 『史記』, 「匈奴列傳」.

13) 이를 불교에서는 삼무일종(三武一宗)의 법난(法難)이라고 한다. 회창(會昌)의 폐불이라 불린 당 무종에 의한 불교 탄압의 영향이 가장 컸다.

14) 『열자(列子)』, 「천서(天瑞)」에 소개된 이 이야기는 실제로 춘추시대까지 정(鄭)과 송(宋) 사이에 끼어 있던 작은 나라 기국(杞國, 현재의 하남성 기현) 사람의 지나친 걱정을 비유적으로 드러내지만, 실제 정·송·기 등의 나라들이 모여 있던 중국의 하남 일원도 여러 차례 지진이 일어난 지역이다.

15) 아리엘 골란 지음, 정석배 옮김, 2004, 『선사시대가 남긴 세계의 모든 문양』, 푸른역사, 721~732쪽.

16) "여호와께서 그를 황무지에서, 짐승이 부르짖는 광야에서 만나시고 호위하시

며 보호하시고 자기의 눈동자 같이 지키셨도다": 『성경』, 「신명기」 32:1; "나를 눈동자 같이 지키시고 주의 날개 그늘 아래 감추사": 『성경』, 「시편」 17:8.

17) 아래 갑골문 석문(釋文)은 임현수, 2017, 「상나라 수렵, 목축, 제사를 통해서 본 삶의 세계 구축과 신, 인간, 동물의 관계」, 『종교문화비평』 31, 148~160쪽에서 재인용하였다.

二. 장례

1) 中國社會科學院考古研究所·河北省文物管理處, 1980, 『滿城漢墓發掘報告』 全2卷, 文物出版社.

2) 『三國志』 卷30, 「魏書」 30, 烏桓鮮卑東夷傳 夫餘.

3) 중국의 인신희생 유적에 대해서는 黃展岳 지음, 김용성 옮김, 2004, 『중국의 사람을 죽여 바친 제사와 순장』, 학연문화사 참조.

4) 은의 마지막 왕인 주왕(紂王)은 애비(愛妃) 달기(妲己)를 위해 못에 술을 채우고 나무에 고기를 건 뒤 남녀가 벗은 몸으로 이 사이를 다니며 즐기게 하고, 둘이 그 모습을 보고 술을 마시며 즐거워했다는 기사가 실려 있다("以酒为池, 懸肉为林, 使男女裸, 相逐其间, 为长夜之饮": 『史記』, 「殷本紀」).

5) "魂氣歸于天 魄氣歸于地": 『禮記』, 「郊特牲」; 마이클 로이 저, 이성규 역, 1986, 『고대 중국인의 생사관』, 지식산업사.

6) 동아시아 진묘수의 역사는 국립공주박물관, 2018, 『진묘수 고대 동아시아 무덤의 수호신』에 잘 정리되어 있다.

7) 關炎君·蔣遠橋, 2007, 「吳西晉青瓷堆塑罐性質及鳥形象研究」, 『文博』 2007年 5期; 尋婧元·朱順龍, 2010, 「吳晉時期堆塑罐功能探析」, 『東南文化』 2010年 4期.

8) "五穀囊者, 起伯夷叔齐 让国不食周粟而饿首阳之山, 恐魂乏饥, 故作五穀囊": 『太平御覽』 卷七四引 『喪服要纪』.

9) "王肅『喪服要記』曰: 昔魯哀公祖載其父, 孔子問曰 設五穀乎 哀公曰 五穀囊者, 起伯夷叔齊讓國, 不食周粟而餓首陽之山, 恐魂之餒, 故作五穀囊. 吾父食味含 哺而死, 何以此為": 『藝文類聚』, 「穀」.

10) 물론 이 시기에 명당이라는 용어와 개념이 구체적으로 정리되어 사용되었는 지 여부는 확인되지 않는다.

11) 『한서(漢書)』, 「예문지(藝文志)」에는 『명당음양(明堂陰陽)』, 『명당음양설(明 堂陰陽說)』과 같은 명당 관련 저작이 소개된다. 진한 이전에 이미 명당론이 정리되기 시작했음은 "夫明堂者, 王者之堂也"라는 『맹자(孟子)』, 「양혜왕하 (梁惠王下)」의 구절을 통해서도 미루어 짐작할 수 있다. 궁궐과 사묘(祠廟)를 명당에 두어야 한다는 인식은 『회남자(淮南子)』, 「주술훈(主術訓)」의 "神農 以時嘗谷, 祀于明堂, 祀于明堂"라는 구절을 통해서도 확인할 수 있다.

12) 『사기(史記)』 권6, 「진시황본기(秦始皇本紀)」와 『사기』 권118, 「회남형산열 전(淮南衡山列傳)」에 관련 기사가 있다. 기원전 210년경 하북의 진황도(秦皇 島)를 떠나 바다로 나간 서불 일행은 돌아오지 않았다고 한다.

13) 한나라 때 유행한 서왕모 신앙이 화상석에 어떻게 형상화되었는지는 전호태, 2007, 『중국 화상석과 고분벽화 연구』, 솔, 참조.

14) 지금도 중국사람 사이에서는 붉은색 내의가 선호되는데, 이때의 붉은색은 불 빛을 상징한다. 재산이 불처럼 일어나 복을 받고 잘살게 되기를 기원하는 마 음이 그 안에 담겨 있다고 한다.

15) 한국과 일본에서도 내부가 온통 붉은색 안료로 채색된 고대 분묘가 발견된다. 일본의 장식고분은 거의 예외가 없다.

三. 상서

1) 전호태, 2009, 『화상석 속의 신화와 역사』, 소와당, 173~174쪽.

2) 고대 그리스에서는 뱀의 탈피를 제 몸을 먹어 재탄생하는 과정으로 생각해 제 꼬리를 물고 있는 뱀을 그려 이를 나타냈다. 이 이미지는 이후 시작과 끝, 삶과 죽음이 하나인 상태, 곧 불사·무한·윤회 등의 상징으로 사용되었다. 우로보로스 이미지는 중세까지 세계 여러 지역에서 보편적으로 사용되었다. 삼국시대 신라의 토기 부착 토우 중에도 우로보로스 상태의 뱀이 발견된다.

3) 하백(河伯)의 실체를 용으로 보는 관념도 이와 관련이 깊다("河伯化爲白龍 遊於水旁 羿見 射之 眇其左目":『楚辭』,「天問」, 王注).

4) 한국의 고대국가 부여의 왕도 이런 이유로 죽임을 당했다고 한다(『三國志』卷 30,「魏書」 30, 烏桓鮮卑東夷傳 夫餘).

5) 고대 한국의 상서에 대해서는 신정훈, 2013,『한국 고대의 서상과 정치』, 혜안 참조.

6) "又東五百里 曰丹穴之山 其上多金玉 丹水出焉 而南流注于渤海 有鳥焉 其狀如雞 五彩而文 名曰鳳凰 首文曰德 翼文曰義 背文曰禮 膺文曰仁 腹文曰信 是鳥也 飮食自然 自歌自舞 見則天下安寧":『山海經』,「南山經」.

7) 목연리는 태평성대임을 보여주는 상서로운 자연현상으로 해석되었지만(『宋書』卷29,「符瑞」下), 남녀 간의 깊은 사랑을 보여주는 것으로도 해석되었다(당의 시인 백거이는 「장한가(長恨歌)」를 지어 당 현종과 양귀비의 사랑을 한 무제와 이부인의 고사에 가탁하여 "칠월칠석 장생전에서 한밤중에 둘이 몰래 약속했네. 하늘에서는 비익조(比翼鳥)가 되고 땅에서는 연리지(連理枝)가 되자고[七月七日長生殿, 夜半無人私語時, 在天願作比翼鳥, 在地願為連理枝]"라고 노래하였다. 黃永年, 1998,『唐代史事考釋』, 聯經出版事業公司; 王万岭, 2010,『長恨歌考論』, 南京大學出版社.

8) 9정은 하(夏)의 우왕(禹王)이 천하 9주의 구리를 모아 만든 패권의 상징이다(『左傳』, 宣公 3年條). 주 무왕(武王)은 상(商)을 정벌하자 바로 9정을 주의 수도 낙읍(雒邑)으로 옮겼다고 한다("武王克商 遷九鼎于雒邑":『左傳』, 桓公 2年 4月條).

9) 『사기(史記)』에는 9정이 사수(泗水)에 빠뜨려졌다가 진시황에 의해 건져질 뻔했다는 기록이 전한다("或曰宋太丘社亡 而鼎沒于泗水彭城下": 『史記』, 「封禪書」; "始皇還 過彭城 齋戒禱祠 欲出周鼎泗水 使千人沒水求之 不得": 『史記』, 「秦本紀」, 始皇 6年條).

10) 『송서(宋書)』 권27~29, 「부서(符瑞)」, 『남제서(南齊書)』 권18, 「상서(祥瑞)」 등이 그런 사례이다. 『하도(河圖)』와 『낙서(洛書)』, 『부서지(符瑞志)』는 상서를 언급한 대표적인 저작물로 참위서(讖緯書)로 분류되기도 했다.

11) "其形狀如羊身人面, 眼在腋下, 虎齒人手": 『山海經』, 「北次二經」; "縉云氏有不才子, 貪于飮食, 冒于貨賄, 侵欲崇侈, 不可盈厌, 聚斂积实, 不知纪极, 不分孤寡, 不恤穷匮, 天下之民以比三凶, 谓之饕餮": 『左傳』, 文公 18年 冬 十月.

12) "周鼎著饕餮, 有首无身, 食人未咽害及其身, 以言报更也": 『呂氏春秋』, 「先知覽」.

13) 후한의 사상가 왕충은 당시 유행하던 우인신앙과 형상화 경향을 논하면서 이는 허구라고 일갈했다("圖仙人之形 體生毛 臂變爲翼 行于雲 則年增矣 千歲不死 此虛圖也": 『論衡』, 「無形」).

14) 우인이 봉황에게서 받아내는 구슬[珠]은 수명, 곧 나이[壽]라고 한다(林巳奈夫, 1992, 『石に刻まれた世界-畫像石か語る古代中國の生活と思想』, 東方書店, 11~13쪽). 이로 보아 한나라 사람들에게 불사(不死)란 상서로운 새와 짐승에게서 받는 무한한 수명을 의미하는 것일 수 있다.

15) 호남 장사 마왕퇴3호한묘에서는 육박과 관련된 도구 일체가 수습되었다. 하지만 놀이 방법은 전하지 않는다(孫机, 2008, 『漢代物質文化資料圖說』(增订本), 上海古籍出版社). 육박을 쌍육(雙六)과 비슷한 놀이로 추정하기도 한다(林巳奈夫, 1992, 『古代中國生活史』, 吉川弘文館).

16) 신선가에서 옥은 음식이기도 했다("玉亦仙藥 但難得耳… 服之一年以上 入水不霑 入火不灼 刃之不傷 百毒不犯也": 『抱朴子・內篇』 卷11, 「仙藥」). 왕충은 금옥지정(金玉之精)을 먹고 몸이 가벼워져 승선하는 일은 일어날 수 없다고

보았다("聞爲道者, 服金玉之精, 食紫芝之英, 食精身輕, 故能神仙, 若士者, 食合蜊之肉, 與庸民同食, 無精輕之驗, 安能縱體而升天":『論衡』,「道虛」).

17) 실제 단약을 제조해 먹으면 승선(昇仙)이 가능하다고 믿었다("服神丹 令人壽無窮 已與天地相畢 乘雲駕龍 上下太淸":『抱朴子·內篇』, 卷4,「金丹」).『신선전(神仙傳)』에는 회남왕 유안(劉安)이 만든 단약을 핥아먹은 닭과 개도 하늘로 올라갔다는 이야기가 전한다(『神仙傳』,「劉安」).

18) 정재서, 1995,『불사의 신화와 사상—산해경·포박자·열선전·신선전에 대한 탐구』, 민음사 참조.

19) "王子喬者, 周靈王太子晉也. 好吹笙作鳳凰鳴, 游伊洛間, 道士浮丘公接以上嵩高山上":『列仙傳』, 王子喬.

20) 전호태, 2008,『고구려 고분벽화 읽기』, 서울대학교출판부, 128쪽.

21) 삼실총 벽화에 보이는 조함어도(鳥銜魚圖)에 대한 논의는 전호태, 2001,「고구려 삼실총벽화 연구」,『역사와현실』44 참조.

22) 이성구, 2001,「중국 고대의 조어문과 이원세계관」,『울산사학』10, 울산대학교사학회.

23) 화상석, 화상전에 표현된 해와 달, 해신과 달신의 다양한 유형에 대해서는 전호태, 2007,『중국 화상석과 고분벽화 연구』, 솔, 167~192쪽 참조.

24) 상나라 때의 십일설화(十日說話)에 따르면 해는 열 마리의 금빛 까마귀였다("羲和者 帝俊之妻 生十日":『山海經』,「大荒南經」). 하늘의 해는 하나라고 믿는 주나라 천하가 되자 십일설화는 사람들 사이에서 잊히고, 두 설화 사이의 모순은 명궁 예가 아홉 마리의 금까마귀를 활로 쏘아 떨어뜨렸다는 후예사일설화(侯羿射日說話)로 해결되었다("堯時十日幷出, 草木焦枯, 堯命羿仰射十日, 中其九日, 日中九烏皆死, 墮其羽翼, 故留其一日也":『楚辭』,「天問」, 王注).

四. 예술

1) 전호태, 2017, 「고구려인의 미의식과 고분벽화」, 『고구려발해연구』 59 참조.

2) 1977년 9월 호북 수현 동단파(東團坡)에서 발견, 1978년 5월 발굴된 증후을묘
는 도굴되지 않은 온전한 상태의 전국시대 제후묘였다. 발굴결과는 譚維四,
2003, 『曾侯乙墓』, 三聯書店을 통해 전면 공개되었다.

3) 장형(張衡)의 「무부(舞賦)」에 언급된 역칠반이종섭(历七槃而踪躡)은 일곱 개
의 반(槃) 위를 뛰어다니며 추던 칠반무(七槃舞)를 가리켜 형용한 것으로 보인
다. 칠반무는 산동 기남한묘 화상 중 백희도(百戲圖)의 한 장면으로도 나온다.

4) "舞急转如风, 俗谓之胡旋": 『通典』 卷146; "晚年益肥壮, 腹垂过膝, 重三百三
十斤, 每行以肩膊左右抬挽其身, 方能移步. 至玄宗前, 作胡旋舞疾如风焉": 『舊
唐書』, 「列傳」, 安祿山.

5) 『성경』, 「창세기」 37:3. 원문의 채색옷 '케토넷 파심'은 신관이나 가문의 맏아
들이 입던 소매와 옷자락이 긴 외투를 가리키는 말이라고 한다.

6) 로마제국 당시 동지중해 레반트 지역에서 자주색 염료(Tyrian purple) 1그램
을 생산하는 데에 뿔고둥 1만2천 마리가 필요했다고 한다(개빈 에번스 지음,
강미경 옮김, 2018, 『컬러 인문학』, 김영사, 142쪽).

7) 吉村怜, 1999, 『天人誕生圖の硏究』, 東方書店, 163~180쪽; 전호태, 2015, 「고
구려 진파리1호분 연구」, 『역사와 현실』 95; 강우방은 영기화생(靈氣化生)이
라는 용어를 쓴다(강우방, 2007, 『한국미술의 탄생』, 솔, 34쪽).

8) 연화화생에 대해서는 전호태, 1990, 「고구려 고분벽화의 하늘연꽃」, 『미술자
료』 46 참조.

五. 일상

1) 보통 일곱 단계로 진행되었다(李秀蓮, 2000, 『中國化粧史槪說』, 中國紡織出版社).

2) 머리를 높이 틀어 올려 쪽지는 계퇴(髻堆)와 뺨을 붉게 칠하는 면자(面赭)는 서역에서 들어온 호풍(胡風)의 일부였다(이시다 미키노스케 지음, 이동철·박은희 옮김, 2004, 『장안의 봄』, 이산, 110, 338쪽).

3) 『南齊書』卷58, 「列傳」39, 東夷傳 高麗國.

4) "進賢冠, 古緇布冠也, 文儒者之服也. 前高七寸, 後高三寸, 長八寸. 公侯三梁, 中二千石以下至博士兩梁, 自博士以下至小史私學弟子, 皆一梁. 宗室劉氏亦兩梁冠, 示加服也": 『後漢書』, 「志」30, 輿服下.

5) "武冠, 一曰武弁大冠, 諸武官冠之. 侍中, 中常侍加黃金璫, 附蟬為文, 貂尾為飾, 謂之「趙惠文冠」": 『後漢書』, 「志」30, 輿服下.

6) "开元 初, 从驾宮人骑马者, 皆著胡帽, 靚粧露面, 无复障蔽. 士庶之家, 又相仿效, 帷帽之制, 绝不行用": 『舊唐書』, 「輿服志」.

7) 주요 발견사례는 高山卓美, 2016, 「中國の蒸溜酒の歷史」, 『釀協』111卷 4號 참조.

8) 2018.11.7.자 『신화통신(新华通讯)』 기사; 2003년 서안 북쪽 교외 전한시대 무덤에서 발견된 청동기 속에 남은 술은 25리터 정도였다(2003년 3월부터 6월에 걸친 서안북교조원서한묘 발굴결과는 國家文物局 主編, 2004, 『2003中國重要考古發現』, 文物出版社에 소개되어 있다. 술이 담겼던 청동 용기의 정식 명칭은 '鎏金朱雀紐銅鐘'이다).

9) "厥或誥曰 群飲. 汝勿佚. 盡執拘以歸于周, 予其殺. 又惟殷之迪諸臣惟工, 乃湎于酒, 勿庸殺之, 姑惟教之. 有斯明享, 乃不用我教辭, 惟我一人弗恤弗蠲, 乃事時同于殺": 『尙書』, 「酒誥」.

10) 연회의 술자리에서 악기 연주, 곡예와 춤은 당시 일반적이었다("金罍中坐, 肴烟四陈. 觴以清醥, 鮮以紫鱗. 羽爵执竞, 丝竹乃发. 巴姬弹弦, 汉女击节": 『文

選』卷4, 「賦乙」, 京都中, 左思, 「蜀都賦」).

11) 왕런샹 지음, 주영하 옮김, 2010, 『중국음식문화사』, 민음사, 171쪽.

12) 남북조시대까지 중국의 귀족들은 개인상에 음식을 담아 먹었다. 큰 상에 개인
별로 음식이 주어지는 회식(會食)은 당대에 모습을 보이기 시작한다(위의 책,
369~371쪽).

13) 서안의 교자가 다양한 종류를 자랑하게 된 것은 청말 서태후가 의화단의 난과
열강 8개국 군대의 북경 점령 당시 서안으로 피난하여 교자를 즐기면서부터
라고 한다. 서태후가 자금성에서 즐긴 교자는 318가지에 달했다는 이야기도
전한다. 현재 서안의 유명한 교자집 덕발장의 한 상 차림 교자는 17가지이다.

14) 전호태, 2005, 『살아 있는 우리 역사, 문화유산의 세계』, 울산대학교출판부,
95쪽; 그릇이 처음 만들어지는 과정에 대한 흥미로운 상상은 왕런샹 지음, 주
영하 옮김, 2010, 『중국음식문화사』, 민음사, 43~44쪽 참조.

15) 최근의 고고학적 조사 결과, 토기가 농경이 시작되기 전 만들어졌음이 확실해
졌다(엘리스 로버츠 지음, 김명주 옮김, 2019, 『세상을 바꾼 길들임의 역사』,
푸른숲, 362~363쪽). 그러나 무엇인가를 담을 수 있는 목제, 토제, 심지어 석
제 그릇의 쓰임새가 다양해지고, 그릇에 여러 가지 종교적·문화적 의미가 부
여되기 시작한 것은 신석기시대 농경사회에서였다.

16) 신석기시대까지 채집을 전담하고 마침내 농경을 발견·발명한 주역은 여성이
었을 것이다. 여신신앙이 농경과 깊이 관련된 것도 이 때문이 아닐까? 선사
·고대 여신신앙의 큰 흐름에 대한 정리는 마리아 김부타스 저, 고혜경 역,
2016, 『여신의 언어』, 한겨레출판; 조지프 캠벨 지음, 구학서 옮김, 2016, 『여
신들—여신은 어떻게 우리에게 잊혔는가』, 청아출판사에 잘 정리되어 있다.

17) 운기화생(雲氣化生)이라는 관념의 표현이다(전호태, 2015, 「고구려 진파리1
호분 연구」, 『역사와 현실』 95). 진한시대에는 칠기가 가장 고급스러운 용기로
평가받으며 사용되었다(왕런샹 지음, 주영하 옮김, 2010, 『중국음식문화사』,

민음사, 212쪽).

18) 그런 점에서 국가가 소금과 철의 수요·공급을 전면 통제해야 하는지, 부분적으로라도 민간에 맡겨야 하는지를 둘러싼 한대(漢代)의 논쟁을 기록한 책인 『염철론(鹽鐵論)』은 특별히 주목할 만하다.

19) "秦并天下, 币为二等, 黄金以镒名, 为上币"; "铜钱之质如周钱, 文曰'半两', 重如其文, 而珠玉龟贝银锡之属为器饰宝藏, 不为币. 然各随时而轻重无常": 『漢書』卷24下, 「食貨志」下.

20) "天道圓, 地道方, 圣王法之, 所以立天下 何以说天道之圆也, 精气一下一上, 圆周复杂, 无所稽留, 故曰天道圆"; "何以说地道之方也, 万物殊类形皆有分职, 不能相为, 故曰地道方, 主执圆, 臣主方, 方圆不易, 其国乃昌": 『呂氏春秋』, 「圓道」.

21) 『史記』卷105, 「列傳」45, 扁鵲倉公.

22) 『三國志』卷29, 「魏書」方技傳, 華佗; 『後漢書』卷82下, 「方技傳」, 華佗.

23) 『鶡冠子』, 「世贤」.

24) 전호태, 2009, 『화상석 속의 신화와 역사』, 소와당, 83~91쪽.

25) 괴수 형상의 모델이 무엇이었는지에 대한 의견은 다양하게 제시되었다(閃修山, 1985 「南陽漢畵像石墓的門畵藝術」, 『中原文物』1985年 3期).

26) "山海經又曰 滄海之中 有度朔之山 上有大桃木 其屈蟠三千里 其枝間東北曰鬼門 萬鬼所出入也 上有二神人 一曰神荼 一曰鬱壘": 『論衡』, 「訂鬼篇」; "神荼.郁壘系兄弟倆 性能執鬼 居住東海中的度朔山 兩人經常在度朔山上的大桃樹下(總鬼出入處) 檢閱總鬼": 『風俗通儀』.

六. 교류

1) 『史記』卷85, 「列傳」25, 呂不韋.

2) 당 전기 소그드인의 군사적 역할에 대해서는 이기천, 2019, 『唐 前期 境内 異

民族 支配 研究』, 서울대학교 박사학위논문 참조.

3) 당대에 소그드인이 주도한 호풍(胡風)은 세계 국가로서 당 사회의 성격과 잘 맞아떨어진다. 이와 관련된 고전적인 글로는 이시다 미키노스케 지음, 이동철·박은희 옮김, 2004, 『장안의 봄』, 이산, 33~62쪽 및 237~356쪽 참조.

4) 『資治通鑑』 卷248, 「唐紀」 64, 武宗 會昌 5年 8月 壬午.

5) 황소 집단이 광주에서 도륙한 호인(胡人)의 수가 12만에 이른다고 한다(김호동, 2002, 『동방 기독교와 동서문명』, 까치, 156쪽; 박한제, 2015, 『대당제국과 그 유산』, 세창출판사, 276쪽).

6) 소그드인의 후예로 알려진 사타인 무장과 군인들은 당말, 오대(五代)에도 정치·군사적으로 중요한 존재였다(박한제, 2015, 『대당제국과 그 유산』, 세창출판사, 49쪽). 소그드인 상인들의 상거래도 송·원대까지 계속되지만, 성당시대에 비할 바는 아니었다.

7) 이인숙, 1993, 『한국의 古代 유리』, 창문출판사.

8) 서역 상인들이 육로와 해로로 중국에 들여오던 유리 제품은 당대 장안에 불었던 호풍(胡風)의 일부였고, 권세가들의 부와 권력을 보여주는 사치품의 하나이기도 했다(이시다 미키노스케 지음, 이동철·박은희 옮김, 2004, 『장안의 봄』, 이산).

9) "周武帝时有龟兹人, 曰苏祗婆, 从突厥皇后入国, 善胡琵琶, 听其所奏, 一均之中, 间有七声": 『隋書』, 「音樂志」; 남북조시대 이전 한대(漢代)에는 진비파(秦琵琶)가 유행했다.

10) 『구당서(舊唐書)』 권102, 「음악지(音樂志)」에는 당의 무측천시대에 촉(蜀) 사람이 무너진 고묘(古墓)에서 얻은 비파가 완함이 잘 탔다는 그 비파일 것이라 여겨 완함이라 부르게 되었다는 기사가 실려 있다. 완함이 목이 긴 비파를 잘 연주했다는 기록은 있으나, 음통이 큰 서역 비파를 직접 개량했다는 기사는 확인되지 않는다.

11) 『後漢書』 卷88, 「西域傳」 78, 安息條, 大月氏條; 『魏書』 卷112, 「列傳」 90, 西

域 婆斯國條.

12) 『洛陽伽藍記』卷3,「城南 龍華寺」

13) 상업적 감각이 탁월했던 소그드인들은 아이가 태어나 돌잔치를 할 때는 손에
아교를 묻히고, 혀에는 꿀을 발랐다고 한다. 달콤하게 말해 거래를 성사시키
면 손에 쥔 돈이 떨어지지 않게 하라는 뜻이다(『舊唐書』卷198,「西戎傳」,康
國;『新唐書』卷221下,「西域傳」下,康).

七. 자연

1) 『史記』卷43,「趙世家」13, 武靈王 19年條.

2) 엘리스 로버츠 지음, 김명주 옮김, 2019, 『세상을 바꾼 길들임의 역사』, 푸른
숲, 412쪽.

3) "大宛之跡, 見自張騫 (中略) 大月氏王已為胡所, 立其太子為王. 既臣大夏而居,
地肥饒, 少寇, 志安樂, 又自以遠漢, 殊無報胡之心. 騫從月氏至大夏, 竟不能得
月氏要領(下略)": 『史記』卷123,「大宛列傳」;"騫為人彊力, 寬大信人, 蠻夷愛
之. 堂邑父胡人, 善射, 窮急射禽獸給食. 初, 騫行時百餘人, 去十三歲, 唯二人得
還 騫身所至者, 大宛, 大月氏, 大夏, 康居, 而傳聞其旁大國五六, 具為天子言其
地形, 所有語皆在西域傳": 『漢書』,「列傳」31, 張騫李廣利傳.

4) 장건이 서역으로 교통로를 연 이후, 서역의 오아시스 도시국가들은 한혈마 외
에도 포도, 석류, 호두 같은 서역 특산물을 한에 전해주는 등의 방식으로 중국
과 교류를 시도했다. 물론 중국에서 서쪽으로 전해진 문물 가운데 가장 선호
되었던 것은 비단이다.

5) "最驃騎將軍去病, 凡六出擊匈奴, 其四出以將軍, 斬捕首虜十一萬餘級. 及渾邪
王以眾降數萬, 遂開河西酒泉之地, 西方益少胡寇. 四益封. 凡萬五千一百戶. 其
校吏有功為侯者凡六人, 而後為將軍二人": 『史記』卷111,「衛將軍驃騎列傳」;

374

"於是上曰：「票姚校尉去病斬首捕虜二千二十八級, 得相國, 當戶, 斬單于大父行藉若侯產, 捕季父羅姑比, 再冠軍, 以二千五百戶封去病為冠軍侯 (中略) 去病自四年軍後三歲, 元狩六年薨. 上悼之, 發屬國玄甲, 軍陳自長安至茂陵, 為冢象祁連山"：『漢書』, 「列傳」 25, 衛青霍去病傳.

6) "我能盟之卫人请执牛耳"：『左傳』, 魯定公 8年；"诸侯盟, 谁执牛耳"：『左傳』, 魯哀公 17年.

7) 약수 가에 있다는 우주나무 건목은 형상이 소와 같다("有木其狀如牛 引之有皮若纓黃蛇 其葉如羅 其實如欒 其木若藟 其名曰建木 在窫窳西 弱水上"：『山海經』, 「海內南經』). 소머리 신은 건목의 형상에서 비롯된 듯하다. 건목에 소의 이미지가 덧씌워진 것과 견우성, 곧 목동 견우와 그가 끄는 소가 서쪽에 그려진다는 사실 사이의 연관성도 눈여겨볼 필요가 있다.

8) 전호태, 2000, 「고구려 고분벽화의 직녀도」, 『역사와 현실』 38 참조.

9) 엘리스 로버츠 지음, 김명주 옮김, 2019, 『세상을 바꾼 길들임의 역사』, 푸른숲, 29~34쪽.

10) 한국의 사례는 천진기, 2003, 『한국동물민속론』, 민속원, 388~389쪽에 잘 정리되어 있다.

11) 아래 갑골문 석문(釋文)은 임현수, 2017, 「상나라 수렵, 목축, 제사를 통해서 본 삶의 세계 구축과 신, 인간, 동물의 관계」, 『종교문화비평』 31, 156~159쪽에서 재인용하였다.

12) 당시 개는 식용으로도 중요시되었다. 『예기(禮記)』, 「월령(月令)」에는 10월에는 참깨와 개고기를 먹는다는 기록이 있고, 당(唐)의 왕빙(王冰) 편, 『황제내경(黃帝內經)』, 「소문(素問)」 7, 장기법시론(藏气法时论篇) 제22에서는 개고기가 팥, 자두, 부추 등과 함께 심장에 좋은 신 음식으로 분류되었다. 호남 장사 마왕퇴1호한묘 출토 죽간에 기록된 음식 관련 기사에는 개고기를 포함한 각종 육류를 재료로 만드는 고깃국[羹], 고기구이[炙, 火腿]가 언급되고 있

다. 남조(南朝) 양(梁)의 종름(宗懍)이 쓴 『형초세시기(荊楚歲時記)』에 정월 2일은 개날[狗日]이어서 개를 잡지 않았다는 기록이 있는 것도 개고기가 일상적으로 소비되었기 때문이다.

13) 임현수, 2017, 「상나라 수렵, 목축, 제사를 통해서 본 삶의 세계 구축과 신, 인간, 동물의 관계」, 『종교문화비평』 31, 151~159쪽에 인용된 갑골문 참조.

14) 물론 지역과 종교에 따라 돼지가 아예 터부 대상이 되기도 한다. 돼지고기 터부에 대해서는 프레데릭 시몬스 지음, 김병화 옮김, 2005, 『이 고기는 먹지 마라?—육식 터부의 문화사』, 돌베개 참조.

15) 일반적으로 망과 량은 산과 물의 정령, 이와 매는 산신과 오래된 물건의 정령을 의미한다.

16) 한국 삼한시대 변진(弁辰) 사람들은 새가 죽은 이의 영혼을 저 세상으로 인도한다고 여겨 죽은 이의 관 위에 큰 새의 깃털을 올려 놓았다(『三國志』 卷30, 「魏書」 30, 烏丸·鮮卑·東夷傳, 韓: 弁辰).

17) 대붕은 한 번의 날갯짓으로 구만리를 난다는 거대한 새였다("北冥有魚 其名爲鯤 鯤之大 不知其幾千里也 化而爲鳥 其名爲鵬 鵬之背 不知其幾千里也 怒而飛 其翼若垂天之雲 是鳥也 海運 則將徙於南冥 南冥者天池也 齊諧者志怪者也 諧之言曰 鵬之徙於南冥也 水擊三千里 搏扶搖而上者九萬里 去以六月息者也": 『莊子·內篇』, 「逍遙遊」).

八. 차별

1) 지금까지 발견된 가장 오래된 황금 장식물은 불가리아 바르나의 프로바디아 신석기시대 후기 마을(기원전 4700년~4200년)의 무덤에서 수습되었다(2012년 11월 2일자 『중앙일보』 종합 20면 기사).

2) 금은 세속적 가치가 높게 부여된 신성한 금속이다. 금으로 덮인 신상은 세속

적 가치와 신성성이 하나가 된 경우라고 할 수 있다. 필자는 소설 형식의 글에서 이로 말미암은 모순에 맞닥뜨린 구도자의 고민을 그려본 적이 있다(전호태, 2019, 『황금의 시대 신라』, 풀빛).

3) 전국(滇國)이 스스로 남긴 기록은 없으므로 전국의 실체는 곤명 일대에 남겨진 유물, 유적, 이 나라를 정복하여 여러 개의 군(郡)을 설치했던 한(漢)의 기록을 통해서 부분적으로만 알 수 있다.

4) 전설상 군주 황제의 신하이던 창힐(蒼頡)이 하늘과 땅의 모습, 새와 짐승의 발자국을 본떠 문자를 만들자 하늘에서는 곡식이 쏟아져 내리고 땅에서는 귀신들이 한밤중에 통곡하며 용은 모습을 감추었다고 한다. 이는 천지자연, 우주만물이 문자를 통해 명료하게 인식되었음을 뜻하지만, 동시에 처음 문자를 창안하고 사용할 수 있게 된 자들이 그렇지 못한 자들보다 사회적으로 우위에 있게 됨을 암시한다고도 할 수 있다(창힐의 문자 발명 설화는 정재서, 2004, 『이야기 동양신화(중국편)』, 황금부엉이 참조).

5) 이런 까닭에 이웃 나라를 정벌할지를 묻는 내용이 아닌 상나라의 정치·사회적 활동이나 제도, 법률 등은 당대에 새겨진 갑골문으로는 파악되지 않는다.

6) 성 밖 멀지 않은 곳의 마을과 논밭에서 더 나아가 넓게 펼쳐진 초원지대나 거대한 숲에 이르면 풍경도 삶도 확연히 달라진다. 이런 곳에 사는 사람들의 눈에 도시의 성벽은 자신들이 먹이고 돌보는 가축의 우리와 크게 다르지 않다. 실제 유목민이나 수렵꾼들은 성안 사람들을 땅에 붙어 사는 초식동물 떼나 비슷하다고 보았다.

7) 장안성의 기본 구조는 『구당서(舊唐書)』 권38, 「지리(地理)」 1에 잘 정리되어 있다. 시인 백거이는 장안의 구조가 바둑판을 보는 것 같다고 노래하기도 했다('百千家似圍棋局', 「白居易集箋校」, 「登觀音臺望城」 1行); 장안성의 도시계획에 대한 상세한 정리는 妹尾達彦著, 2001, 『長安の都市計画』, 講談社 참조.

8) 박한제, 2019, 『중국 중세 도성과 호한체제』, 서울대학교출판문화원. 현급 이

상의 도시는 석쇠처럼 엮어진 방장제 구조였다고 한다(박한제, 2015, 『대당제
국과 그 유산』, 세창출판사, 134쪽).

9) 성은 세금을 내고 온갖 노역을 제공하는 농경민이 사냥과 채집, 목축으로도
굶지 않는 삶을 누릴 수 있는 성 밖 자유의 세계로 탈출하지 못하게 하려는 의
도에서 만들어진 창살 없는 감옥으로 이해될 수도 있다(제임스 C. 스콧 지음,
전경훈 옮김, 2019, 『농경의 배신』, 책과함께, 186~188쪽).

10) 개갑은 이미 한대(漢代)에도 있었다("人性便絲衣帛.　或射之則被鎧甲":『淮
南子』, 「說林」). 촉한의 오련철 개갑은 개량형이라 할 수 있는데, 이것을 제갈
량의 아이디어나 지시로 만들었는지는 확인되지 않는다.

11) 杨泓, 1976, 「中國古代的甲胄(下)」, 『考古學報』 1976年 2期.

12) 폴란드의 고고학 유적에서는 기원전 3500년 전 작품으로 추정되는 바퀴 달린
탈 것의 이미지가 발견되었으며, 터키의 한 유적에서는 기원전 3400년경 만들
어진 수레 모형이 발견되었다고 한다(엘리스 로버츠 지음, 김명주 옮김, 2019,
『세상을 바꾼 길들임의 역사』, 푸른숲, 414쪽).

13) 히타이트인이 전차를 활용한 전투 능력을 잘 보여준 사건이 중근동 패권의 향
방을 두고 기원전 1274년 이집트군과 벌였던 카데시전투였다. 이 전투에서 이
집트군은 히타이트 전차군단에 의해 궤멸적 타격을 입는다.

14) 杨泓, 1977, 「战车与车战——中国古代军事装备札记之一」, 『文物』 1977年 第5期.

15) "万乘之国, 弑其君者, 必千乘之家『孟子』「梁惠王」下; 万乘之患, 大臣太重 千
乘之患, 左右太信 此人主之所公患也":『韓非子』, 「孤憤」.

16) 『史記』 卷43, 「趙世家」 13, 武靈王 19年條.

17) "墨罰之属千":『尚書』, 「吕刑」.

18) "孔子相衞 弟子子皐爲獄吏 刖人足 所刖者守門":『韓非子』, 「外儲說左」.

19) 고조선과의 전쟁에서 한(漢)이 동원했던 5만의 군대도 모두 죄수였다("天子
募罪人擊朝鮮":『史記』 卷115, 「列傳」, 朝鮮列傳).

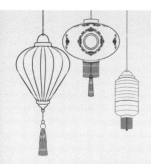

목록

* 본문 도판 캡션에 출토지와 수집경로까지 추가해 정리했다.

一. 종교

그림 1-1 | ① 입맞춤, 한(漢) 석관 화상 탁본, 사천 형경 고성지 출토, 중경 삼협박물관, ② 천문, 북위(北魏) 목관화, 산서 대동 출토, 명당유지진열관, ③ 도제 가옥, 북위, 산서 대동 출토, 대동시박물관, ④ 천궐(天闕), 후한 화상전, 하남 허창 출토, 하남박물원

그림 1-2 | ① 대불(大佛), 당(唐, 675년, 상원2년), 하남 낙양 용문석굴 봉선사동, ② 불감(佛龕), 북위, 산서 대동 운강석굴, ③ 담요(曇曜, 북위, 5세기), 현대 조각, 산서 대동 운강석굴 입구, ④ 심판, 송(宋), 중경 대족(大足) 보정산 석각

그림 1-3 | ① 홍도여신상(紅陶女神像), 홍산문화(신석기시대), 내몽골 적봉 송산 채집, 감숙박물관(내몽골박물관 소장), ② 닭머리 신, 후한 화상석, 산서 유림 출토, 유림한화상석박물관, ③ 양머리 신인, 전한(기원전 161년) 칠관화, 호남 장사 마왕퇴1호한묘 출토, 호남성박물관, ④ 도교의 신들, 현대 조각, 낙양 관림

그림 1-4 | 박산로, ① 전한, 섬서 흥평 무릉1호 무명총1호 종장갱 출토, 섬서역사박물관, ② 낙랑(1세기), 평양 석암리9호분 출토, 국립중앙박물관, ③ 한, 천수시 맥적구 마포천 출토, 천수시박물관, ④ 전한, 강소 양주 출토, 양주한묘박물관, ⑤ 한, 강소 남경 출토, 남경시박물관 ⑥ 수, 섬서 서안 장안구 풍곡 풍녕공주(豐寧公主) 양정징(楊靜徽)부부묘 출토, 섬서성고고연구원, ⑦ 한, 하남 낙양 출토, 낙양박물관,

⑧ 전한, 하북 만성1호한묘(중산왕 유승묘) 출토, 하북박물관

그림 1-5 | ① 용문석굴 원경, 하남 낙양, ② 용문석굴 봉선사동 전경, 하남 낙양, ③ 맥적산석굴 원경, 감숙 천수, ④ 병령사 석굴 대불 원경, 감숙 란주, ⑤ 운강석굴 19굴 대불 근경, 산서 대동

그림 1-6 | 역사, ① 당, 출토지 미상, 서안비림박물관, ② 북위, 산서 대동 사마금룡묘(司馬金龍墓) 출토 석제 관상대동시, 박물관, ③ 북위, 산서 대동 출토 석제 관상, 명당유지진열관, ④ 북위, 산서 대동 출토 석제 등잔 받침, 명당유지진열관, ⑤ 북제(北齊), 산서 신봉 천왕묘 수집 질양조상비(郅陽造像碑) 하단, 산서성박물원

그림 1-7 | ① 인면장식 토기 저부, 신석기시대 묘저구문화, 섬서 고릉 장관채유지 출토, 섬서성고고연구원, ② 인면어문(人面魚紋)토기, 앙소문화, 섬서 서안 반파 출토, 국가박물관, ③ 인면장식부착토기, 기원전 4000년~기원전 2000년, 중국 북부, 프랑스 기메미술관, ④ 인면토기, 신석기시대 묘저구문화, 섬서 고릉 장관채유지 출토, 섬서성고고연구원, ⑤ 금제 가면, 기원전 1700년~기원전 1100년, 사천 성도 금사유지 출토, 금사유지박물관, ⑥ 인면장식 청동정, 상(商), 호남 영향 황재진 출토, 호남성박물관

그림 1-8 | 갑골, ① 상, 하남 안양 은허 출토, 은허박물관, ② 상, 출토지 미상, 프랑스 기메미술관, ③ 상, 출토지 미상, 프랑스 기메미술관, ④ 상 무정(武丁), 하남 안양 은허 출토, 국가박물관, ⑤ 상(기원전 1600년), 출토지 미상, 양주박물관, ⑥ 호골(虎骨), 상(기원전 12세기), 출토지 미상, 캐나다 온타리오미술관, ⑦ 갑골갱, 상(기원전 12세기), 안양 은허

二. 장례

그림 2-1 | ① 옥기 재료, 연대 미상, 사천 성도 출토, 금사유지박물관, ② 옥 복면(覆面), 전한, 산동 장청 쌍유산 제(齊)북왕릉 출토, 산동성박물관, ③ 곡문환(谷紋環),

전국시대, 출토지 미상, 상해박물관, ④ 옥의(玉衣), 전한, 강소 서주 토산한묘 출토, 서주박물관

그림 2-2 | ① 은허M260대묘 내부, 상, 하남 안양 은허, 문자박물관, ② 해골이 담긴 동언(銅甗, 청동시루), 상, 하남 안양 은허 유가장묘지 1046호묘 출토, 은허박물관, ③ 부호묘(婦好墓) 주실 내부, 상, 하남 안양 은허, 은허박물관, ④ 병마용 1호갱 전경, 진, 섬서 함양, 진시황릉

그림 2-3 | ① 도제 진묘수, 북위, 하남 낙양 원소묘 출토, 국가박물관, ② 채칠 목제 진묘수, 전국시대 초(楚) 기원전 5세기 말, 출토지 미상, 프랑스 기메미술관, ③ 진 묘용, 후한, 중경 무산 출토, 중경중국삼협박물관, ④ 목제 독각수, 전한, 감숙 무위 마취자 출토, 감숙성박물관, ⑤ 채색 유도제 천왕용, 당, 출토지 미상, 상해박물관, ⑥ 채색 유도제 진묘수, 당, 출토지 미상, 상해박물관, ⑦ 채색 유도제 진묘수, 당, 출 토지 미상, 상해박물관, ⑧ 채색 유도제 천왕용, 당, 출토지 미상, 상해박물관

그림 2-4 | 혼병, ① 홍도[불상], 삼국시대 오(吳), 강소 남경 출토, 남경시박물관, ② 청자, 서진, 강소 오현 출토, 국가박물관, ③ 청자(청유퇴소누각인물관), 서진, 출 토지 미상, 상해박물관, ④ 청자, 서진, 출토지 미상, 국가박물관

그림 2-5 | ① 영고릉[문명태후릉], 북위, 산서 대동 방산, ② 명당 구조 및 건물 배 치도, 산서 대동, 명당유지진열관, ③ 복원 명당, 산서 대동, 명당유지진열관, ④ 대 명궁 모형, 당, 섬서 서안, 대명궁박물관

그림 2-6 | ① 천추와 만세, 남조 화상전, 강소 남경 출토, 국가박물관, ② 무덤주인 부부의 내세 삶, 후한 화상석, 산서 수덕 황가탑 출토, 유림한화상석박물관, ③ 서왕 모와 동왕공의 만남, 후한 화상석, 산서 수덕 출토, 서안비림박물관, ④ 기도 촛불, 현대, 사천 두강언 청성산 상청궁(上清宮)

그림 2-7 | ① 목관칠화, 북위(484년), 산서 대동 석가채 사마금룡부부묘 출토, 산서 성박물원, ② 칠기(漆器) 잔편, 신석기시대, 절강 여항 하가산(下家山)유지 출토, 양 저박물관, ③ 채회도기, 전한, 하북 만성1호한묘(중산왕 유승묘) 출토, 하북박물관,

④ 목관칠화, 북위, 영하 고원 출토, 고원시박물관, ⑤ 병사 머리, 전한, 섬서 서안 한 경제 양릉 출토, 한양릉고고진열관

三. 상서

그림 3-1 | ① 상약부보(上郡府簠) 장식 용, 춘추시대, 호북 양번 출토, 문자박물관 (양번시박물관 소장), ② 옥룡(玉龍), 홍산문화(기원전 4700년~기원전 2900년), 내 몽골 옹우특기 새심탑랍 출토, 국가박물관, ③ 방소용호(蚌塑龍虎), 앙소문화(기원 전 5000년~기원전 3000년), 하남 복양 서수파묘 출토, 국가박물관, ④ 도룡농 그림 도제병, 앙소문화 중기(기원전 6000년~기원전 5500년), 감숙 서평 출토, 감숙성박 물관, ⑤ 응룡(應龍), 전한, 하남 당하 전창한묘 출토, 남양한화관, ⑥ 회도청룡전, 수, 호남 홍산 마방산 출토, 무한시박물관

그림 3-2 | ① 기린, 남조 화상전, 하남 정주 학장 출토, 하남박물원, ② 양 머리, 후 한 화상석, 출토지 미상, 산동성박물관, ③ 벽(璧)을 꿴 서조(瑞鳥), 후한(160년) 화 상석, 하남 준현 출토, 하남박물원, ④ 연리수(連理樹)와 봉황(鳳凰), 후한 화상석, 강소 서주 출토, 서주한화상석예술관, ⑤ 상서로운 양, 후한 화상석, 산서 이석 출 토, 유림한화상석박물관

그림 3-3 | ① 도철형 괴수, 당(唐) 석관 화상, 섬서 삼원 이수묘 출토, 서안비림박물 관, ② 도철, 상(商) 만기(기원전 13세기~기원전 11세기) 소신○방유(小臣○方卣), 출토지 미상, 상해박물관, ③ 도철, 상 만기(기원전 13세기~기원전 11세기) 수면문 방이(獸面紋方彝), 출토지 미상, 상해박물관, ④ 사자, 남조 모인전화, 강소 단양 건 산 금왕촌 출토, 남경박물원, ⑤ 도철형 괴수, 북제 석상 화상, 출토지 미상, 캐나다 온타리오미술관, ⑥ 도철형 괴수, 북위(6세기 초) 석상 화상, 출토지 미상, 미국 보 스턴미술관

그림 3-4 | ① 우인승선(羽人昇仙), 후한 화상석, 하남 영성 출토, 하남박물원, ② 우

인사이수(人飼異獸), 후한 화상석, 출토지 미상, 산동석각예술관, ③ 옥제 선인분마, 전한, 섬서 함양 주릉 신장 한원제위릉(漢元帝渭陵) 부근 출토, 함양박물관, ④ 우인사봉조(羽人飼鳳鳥), 후한 누각인물화상석, 산동 등주 대곽촌 출토, 산동성박물관

그림 3-5 | ① 인면진묘수(人面鎭墓獸), 북제(570년), 산서 태원 왕곽촌 누예묘 출토, 산서성박물원, ② 인두조수(人頭鳥獸), 후한 화상석, 하남 남양 출토, 하남박물원, ③ 일신(日神), 후한 화상전, 중경 구룡파 출토, 중경중국삼협박물관, ④ 천추(千秋), 남조 화상전, 강소 남경 출토, 국가박물관, ⑤ 유도인면진묘수(釉陶人面鎭墓獸), 북위(484년), 산서 대동 석가채 사마금룡부부묘 출토, 대동시박물관

그림 3-6 | ① 관어석부도채회도항(鸛魚石斧圖彩繪陶缸), 앙소문화, 하남 임여 염촌 출토, 국가박물관, ② 쌍조식사(雙鳥食蛇), 북위 신구(神龜, 518년~519년) 방흥석관(方興石棺), 산서 유사현 출토, 산서성박물원, ③ 조함어(鳥銜魚), 후한(160년) 화상석, 하남 준현 출토, 하남박물원, ④ 조함어(鳥銜魚), 후한 화상석, 중경 풍도 출토, 중경중국삼협박물관, ⑤ 쌍룡함어(雙龍銜魚), 후한 화상석, 하남 등봉 출토, 등봉시역사박물관

그림 3-7 | ① 해와 달, 후한 화상석, 산서 유림 출토, 유림한화상석박물관, ② 해, 후한 화상석, 산서 미지 관장촌 출토, 유림한화상석박물관, ③ 해신과 달신, 후한 석관화상, 중경 사평패 출토, 중경중국삼협박물관, ④ 일월동휘(日月同輝), 후한 화상석, 하남 남양 출토, 하남박물원, ⑤ 월신, 후한 화상석, 하남 남양 출토, 남양한화관, ⑥ 일신, 후한 화상석, 하남 남양 출토, 남양한화관

四. 예술

그림 4-1 | ① 왕자간과(王子干戈), 춘추시대, 산서 만영 묘전촌 출토, 문자박물관, ② 선문첨저병(旋紋尖底甁), 마가요문화 전기(기원전 5000년~기원전 4700년, 섬서 여가평 출토, 감숙성박물관, ③ 흑도관(黑陶罐), 용산문화(기원전 2500년~기원전

2000년), 산동 교현 삼리하 출토, 국가박물관, ④ 옥제 도끼, 용산문화 만기, 섬서 신목 석묘유지 외성 동문지 출토, 섬서성고고연구원, ⑤ 소유(召卣), 서주(西周) 소왕(昭王, 기원전 11세기 후반), 출토지 불명, 상해박물관, ⑥ 동존반(銅尊盤), 전국시대(기원전 433년), 호북 수현 동단파 증후을묘 출토, 호북성박물관, ⑦ 백자배(白磁杯), 수 대업4년(大業, 608년), 섬서 서안 한가만촌 수소통사묘(隋蕭統師墓), 섬서성고고연구원

그림 4-2 | ① 선금의도무용(綿襟衣陶舞俑), 전한, 강소 대람산 서주 초왕묘 출토, 국가박물관(서주박물관 소장), ② 춤, 북위, 산서 대동 조부루촌 출토, 산서성박물원, ③ 부고설창용(缶鼓說唱俑), 후한, 사천 성도 천회산 출토, 국가박물관, ④ 무용(舞俑), 전한, 감숙 무위 마취자 출토, 감숙성박물관, ⑤ 연악무용(燕樂舞踊), 당, 서안 서교 출토, 대당서시박물관, ⑥ 호선무(胡旋舞), 당(武周, 690년~705년), 영하 염지 소보정향 당묘 출토 묘문 석각, 고원시박물관, ⑦ 호등무동인(胡騰舞銅人), 당, 기증품, 장액박물관, ⑧ 반고무와 곡예, 한 화상전, 사천 팽현 태평향 출토, 중경중국삼협박물관

그림 4-3 | ① 병사용, 진(秦), 섬서 함양 병마용1호갱 출토, 진시황제릉문물진열청, ② 병사용(복제복원), 진(秦), 섬서 함양 병마용1호갱 출토, 진시황제릉문물진열청, ③ 가을신 욕수(蓐收), 후한 화상석, 섬서 신목 대보당 한묘 출토, 섬서성박물원(섬서성고고연구원 소장), ④ 채회석불(彩繪石佛), 북제, 산동 청주 용흥사터 출토, 국가박물관, ⑤ 육박(六博)놀이에 열중한 선인, 한, 출토지 미상, 미국 메트로폴리탄미술관, ⑥ 여무용(女舞俑), 당, 산서 태원 출토, 산서성박물원

그림 4-4 | ① 운문, 위진, 감숙 고태 낙타성 출토 화상전, 장액박물관, ② 채회도관(彩繪陶罐), 대전자문화(기원전 2700년~기원전 2450년), 내몽골 오한기 대전자(大甸子)묘지M4 출토, 오한기박물관, ③ 감지기하운문동돈(嵌地幾何雲紋銅敦), 전국시대, 호북 제귀 반구강 출토, 호북성박물관, ④ 기악천(伎樂天), 남조 화상전, 강소 남경 출토, 국가박물관

五. 일상

그림 5-1 │ ① 채회여도용(彩繪女陶俑), 당(8세기), 출토지 미상, 프랑스 기메미술관, ② 채회여용(彩繪女俑), 당, 출토지 미상, 대당서시박물관, ③ 채회유모여기용(彩繪帷帽女騎俑), 당(657년), 섬서 예천 당 장사귀묘(張士貴墓) 출토, 섬서역사박물관, ④ 채회여용(彩繪女俑), 당, 섬서 예천, 서안박물원, ⑤ 채회여용(彩繪女俑), 당, 출토지 미상, 섬서역사박물관, ⑥ 화장품 통, 전한, 호남 장사 마왕퇴1호한묘 출토, 호남성박물관, ⑦ 구리거울(사유사리동경四乳四螭銅鏡 앞면, 신인서수문동경神人瑞獸紋銅鏡 뒷면), 전한, 양주 서호(西湖) 화원 출토, 양주한묘박물관

그림 5-2 │ ① 낙타 끄는 인물, 북위(484년), 산서 대동 석가채 사마금룡부부묘 출토, 대동시박물관, ② 채회호인행려용(彩繪胡人行旅俑), 당(7세기), 출토지 미상, 프랑스 기메미술관, ③ 의장인물, 북제(559년), 문선제(文宣帝) 고양릉(高洋陵) 묘도 서벽 벽화, 하북박물관, ④ 도용(陶俑), 북제(559년), 문선제(文宣帝) 고양묘(高洋墓) 출토, 하북박물관, ⑤ 농관용(籠冠俑), 북제(571년), 산서 태원 왕가봉촌 서현수묘 출토, 산서성박물원, ⑥ 문리(文吏), 당(724년), 섬서 포성현 당 혜장태자묘(惠庄太子墓) 벽화, 대명궁문물진열관(섬서성고고연구소 소장)

그림 5-3 │ ① 음주관기(飮酒觀伎), 후한 화상전, 사천 성도 양자산 출토, 국가박물관, ② 용문고(龍紋觚), 상 후기(기원전 13세기~기원전 11세기), 출토지 미상, 상해박물관, ③ 부경치(父庚觶), 서주 초기(기원전 11세기), 출토지 미상, 상해박물관, ④ 도배(陶杯), 삼성퇴문화(기원전 5000년~기원전 3000년), 사천 광한 삼성퇴유지 출토, 삼성퇴박물관, ⑤ 칠이배(漆耳杯), 전국시대 초(楚), 호북 수현 출토, 국가박물관, ⑥ 술항아리(陶酒缸), 전한, 하북 만성1호한묘(중산왕 유승묘) 출토, 하북박물관

그림 5-4 │ ① 디딜방아 찧는 여인, 북위, 산서 대동 이전창 북위고분군 출토, 대동시박물관, ② 청동궤(青銅簋), 춘추시대, 출토지 미상, 중국청동기박물관, ③ 청동시루와 국자(銅釜甑, 銅勺), 후한, 수집품, 주천시박물관, ④ 도제 부뚜막과 그릇, 국자,

한, 출토지 미상, 캐나다 온타리오미술관, ⑤ 수수동로구(獸首銅爐具), 후한, 수집품, 주천시박물관, ⑥ 소도살(屠宰), 위진, 감숙 주천 낙타성 남고분군 출토, 돈황박물관, ⑦ 연음(宴飲), 후한 벽화 복원도, 하남 밀현 타호정1호한묘 무덤칸 천장고임

그림 5-5 | ① 청동방이(靑銅方彝), 상 후기(기원전 1300년~기원전 1046년), 출토지 미상, 캐나다 온타리오미술관, ② 원점문채도호(圓點紋彩陶壺), 앙소문화 반산유형(기원전 2700~기원전 2300년), 출토지 미상, 감숙성박물관, ③ 칠이배(漆耳杯), 전한, 호남 장사 마왕퇴1호묘 출토, 호남성박물관, ④ 인두형기구채도병(人頭形器口彩陶甁), 앙소문화(기원전 7000년~기원전 5000년), 출토지 미상, 감숙성박물관

그림 5-6 | ① 금병(金餠), 한, 출토지 미상, 대당서시박물관, ② 동물송곳니 및 조개껍질 장식, 앙소문화, 섬서 서안 반파유지 출토, 서안반파박물관, ③ 6국화폐, 전국시대, 출토지 미상, 중경중국삼협박물관, ④ 금제화폐관, 전국시대 초, 출토지 미상, 상해박물관, ⑤ 삼국, 양진, 남북조, 수 화폐, 삼국~수, 출토지 미상, 중경중국삼협박물관

그림 5-7 | ① 침 시술, 후한 화상석, 산동 미산 양성진 출토, 국가박물관, ② 금침, 전한, 하북 만성1호한묘(중산왕 유승묘) 출토, 하북박물관, ③ 골침, 신석기시대(기원전 4500년), 산서 익성 북감촌 출토, 산서성박물원, ④ 골침, 앙소문화, 섬서 서안 반파유지 출토, 서안반파박물관, ⑤ 금침, 은침, 전한, 하북 만성1호한묘(중산왕 유승묘) 출토, 하북박물관

그림 5-8 | ① 수면인물문투조동포수(獸面人物紋透彫銅鋪首), 북위, 영하 고원 북위칠관화묘 출토, 고원시박물관, ② 돌문에 새겨진 포수함환(鋪首銜環), 한 화상석, 출토지 미상, 등봉시역사박물관, ③ 포수함환(鋪首銜環), 북위, 산서 대동 출토, 대동시박물관, ④ 유금동포수(鎏金銅鋪首), 한, 섬서 연안 관장향 묘원촌 출토, 섬서역사박물관, ⑤ 수면인물유금동포수(獸面人物鎏金銅鋪首), 북위, 영하 고원 원주 개성진 양방촌 출토, 고원시박물관

六. 교류

그림 6-1 | ① 채색유도낙타재호인용(彩色釉陶駱駝載胡人俑), 당, 출토지 미상, 상해박물관, ② 채회배화호인용(彩繪背貨胡人俑), 당, 출토지 미상, 대당서시박물관, ③ 저울, 당, 출토지 미상, 대당서시박물관, ④ 채색도낙타재호인용(彩色陶駱駝載胡人俑), 당, 출토지 미상, 대당서시박물관, ⑤ 유도산주(釉陶算珠), 당, 섬서 서안 서시유지 출토, 대당서시박물관, ⑥ 마제금(馬蹄金), 한, 출토지 미상, 상해박물관

그림 6-2 | ① 유리호, 북위, 산서 대동 영빈가 북위고분군 출토, 대동시박물관, ② 황유리배(黃瑠璃杯), 당, 섬서 부풍 법문사 당대 지궁(地宮) 출토, 섬서역사박물관, ③ 남유리반(藍瑠璃盤), 당, 섬서 부풍 법문사 당대 지궁(地宮) 출토, 섬서역사박물관, ④ 심복유리배(沈腹瑠璃杯), 북조, 출토지 미상, 명당유지진열관, ⑤ 압형유리주(鴨形瑠璃注), 북연(北燕, 415년), 요녕 조양 북표 풍소불묘(馮素弗墓) 출토, 요녕성박물관, ⑥ 유리소병, 북위, 산서 대동 칠리촌 북위고분군 출토, 대동시박물관

그림 6-3 | 비파[완함], ① 악용(樂俑), 수(592년), 산서 태원 왕곽촌 우홍묘(虞弘墓) 출토, 산서성박물원, ② 악용(樂俑), 16국시대, 섬서 함양 주릉진 북하촌 M298 출토, 섬서성고고연구원, ③ 탄완여용(彈阮女俑), 당, 섬서 서안 서시유지 출토, 대당서시박물관, ④ 순수기악문석정(馴獸伎樂紋石灯), 북위, 산서 대동 출토, 명당유지진열관, ⑤ 석상 장식문, 북위(484년), 산서 대동 석가채 사마금룡부부묘 출토, 대동시박물관, ⑥ 석각채회집비파용(石刻彩繪執琵琶俑), 당, 감숙 천수 출토, 감숙성박물관

그림 6-4 | ① 사자(석상 장식문), 북위(6세기 초), 출토지 미상, 미국 보스턴미술관, ② 석조서수(石彫瑞獸), 연대 미상, 출토지 미상, 명당유지진열관, ③ 사자, 연대 미상, 출토지 미상, 상해박물관, ④ 석상 하단, 북제, 출토지 미상, 상해박물관, ⑤ 삼채무사용(三彩武士俑), 당, 출토지 미상, 서안박물원, ⑥ 삼채용(三彩俑) 낙타, 당, 출토지 미상, 대당서시박물관

그림 6-5 | 낙타, ① 북위, 출토지 미상, 명당유지진열관, ② 화상전, 위진, 감숙 가욕

관 신성 출토, 감숙성박물관, ③ 화상전, 북위, 출토지 미상, 대동시박물관, ④ 조소,
북위, 산서 대동 전촌 북위묘 출토, 대동시박물관, ⑤ 조소, 북위, 산서 대동 안북수원
북위묘군 출토, 대동시박물관, ⑥ 삼채용(三彩俑), 당, 출토지 미상, 섬서역사박물관

七. 자연

그림 7-1 | ① 몽골말, 울란바토르, 테를지국립공원, ② 청동전차(青銅戰車), 후한,
감숙 무위 뇌대한묘(雷臺漢墓) 출토, 감숙성박물관, ③ 전차갱(戰車坑), 춘추시대,
하남 낙양 주(周)왕성유지, 천자가육(天子駕六)박물관, ④ 마답비연(馬踏飛燕), 후
한, 감숙 무위 뇌대한묘(雷臺漢墓) 출토, 감숙성박물관

그림 7-2 | ① 홍색 도제 소, 북제(570년), 산서 태원 왕곽촌, 누예묘 출토, 산서성박
물원, ② 홍각사우골(虹刻辭牛骨), 상무정(武丁) 시기], (전)하남 안양 출토, 국가박
물관, ③ 소머리 신, 북제(571년), 산서 태원 왕가봉촌 서현수묘 출토 채회석조묘문
(彩繪石雕墓門), 산서성박물원, ④ 목제 우차, 전한, 감숙 무위 마취자 출토, 감숙성
박물관, ⑤ 우차(彩繪繁甲式車頂陶牛車), 북위, 산서 대동 안북사원 북위고분군 출
토, 대동시박물관, ⑥ 우경, 위진, 감숙 주천 과원향 출토 화상전, 감숙성박물관(감숙
성문물고고연구소 소장), ⑦ 견우와 직녀, 후한, 하남 남양 출토 화상석, 남양한화관

그림 7-3 | ① 도제 개, 북위, 산서 대동 채장촌 북위묘 출토, 대동시박물관, ② 개를
안고 있는 여인, 당, 출토지 미상, 대당서시박물관, ③ 개 모양 도제 규(狗形陶鬶),
대문구문화(기원전 4200년~기원전 2500년), 산동 경현 삼리하 출토, 국가박물관,
④ 도제 개, 한, 출토지 미상, 서안박물원, ⑤ 도제 개(紅釉陶狗), 한, 하남 남양 출토,
하남박물원

그림 7-4 | ① 석제 돼지(石猪), 전한, 호남 장사 남문외 출토, 국가박물관, ② 저문
도발(猪紋陶鉢), 하모도문화(기원전 5000년~기원전 4500년), 하모도유지 출토, 하
모도박물관, ③ 돼지 모양 도제 규(猪形陶鬶), 대문구문화(기원전 4200년~기원전

2500년), 산동 경현 삼리하 출토, 국가박물관, ④ 도제 돼지(釉陶猪), 북위, 산서 대동 이전창 북위고분군 출토, 대동시박물관, ⑤ 녹유도저권(綠釉陶猪圈), 후한, 호남 장사 출토, 국가박물관, ⑥ 도제 돼지(釉陶猪), 한, 출토지 미상, 서안박물원, ⑦ 도제 돼지(釉陶猪), 한, 출토지 미상, 서안박물원

그림 7-5 | ① 조존(鳥尊), 서주(기원전 11세기~기원전 771년), 산서 곡옥 북월촌 진후묘지114호묘 출토, 산서성박물원, ② 사엽팔봉불상문청동경(四葉八鳳佛像紋靑銅鏡), 삼국시대 오(吳), 호북 악성 오리돈 출토, 국가박물관, ③ 쌍조조양상아접형기(雙鵰朝陽象牙蝶形器), 하모도문화(기원전 5000년~기원전 4500년), 하모도유지 출토, 하모도박물관, ④ 부호청동우방이(婦好靑銅偶方彛), 상[무정(武丁) 시기], 하남 안양 은허 부호묘 출토, 국가박물관, ⑤ 응주동분(鷹柱銅盆), 전국시대, 하북 보정 중산왕릉(中山王陵) 출토, 하북박물관, ⑥ 신선과 봉황, 남조 화상전, 강소 남경 출토, 국가박물관

八. 차별

그림 8-1 | ① 녹두형금보요관, 북위, 내몽골 포두 달무기 서하자 출토 감숙성박물관(내몽골박물관 소장), ② 송공란청동과(宋公欒靑銅戈), 춘추시대 송(宋), (전)안휘 수현 출토, 국가박물관, ③ '소택한오랑'금정('蘇宅韓五郎'金錠), 남송, 출토지 미상, 상해박물관, ④ 대금면동인두상(戴金面銅人頭像), 상(삼성퇴문화), 삼성퇴유지 2호제사갱 출토, 삼성퇴박물관, ⑤ 응정금관식, 전국시대, 내몽골 악이다사시 항금기 아로시등 출토, 감숙성박물관(내몽골박물관 소장), ⑥ 금동이패각배(金銅耳貝殼杯), 한, 출토지 미상, 캐나다 온타리오미술관

그림 8-2 | ① 왕령렴인협전각사우골(王令僉人協田刻辭牛骨), 상 후기(기원전 14세기~기원전 11세기), (전)하남 안양 출토, 국가박물관, ② 패형문채도관(貝形紋彩陶罐), 마가요문화 중기 반산유형(기원전 2700년~기원전 2300년), 출토지 미상, 감

숙성박물관, ③ 타원형반각부도두(楕圓形盤刻符陶豆), 양저문화, 절강 여항 병요 채집, 양저박물관, ④ 사거방이(師遽方彝), 서주 공왕(恭王, 기원전 10세기 중엽), 기증품, 상해박물관, ⑤ 덕방정(德方鼎) 내부 명문, 서주 성왕(成王, 기원전 11세기 전반), 출토지 미상, 상해박물관

그림 8-3 | ① 가욕관 성루, 명, 감숙 가욕관, ② 한(漢) 장성, 한, 신강 둔황 인근, ③ 가욕관 성루, 한, 감숙 가욕관, ④ 내몽골, 영하 영무 수동구 경계, ⑤ 당 장안성 모형, 현대, 서안박물원

그림 8-4 | ① 채회묘금진묘무사도용(彩繪描金鎮墓武士陶俑), 당(658년), 영하 고원 남교향 소마장촌 당 사도락부부묘 출토, 고원시박물관, ② 병사용, 진, 섬서 함양 진시황릉 병마용갱 출토, 진시황제릉문물진열청, ③ 진묘무사도용, 북조, 산서 대동 출토, 국가박물관, ④ 석주(石冑), 진, 섬서 함양 진시황릉원K9801호갱 출토, 섬서성고고연구원, ⑤ 석개갑(石鎧甲), 진, 섬서 함양 진시황릉원K9801호갱 출토, 섬서성고고연구원

그림 8-5 | ① 동차륜(銅車輪), 전국시대, 수집품, 장액박물관, ② 4두마차 모형, 현대, 섬서 서안, 한양릉고고진열관, ③ 목제 전차 바퀴, 전한, 섬서 서안 한양릉 출토, 한양릉고고진열관, ④ 거마갱(車馬坑), 춘추시대, 하남 낙양 주(周)왕성유지, 천자가육박물관, ⑤ 도우차(陶牛車), 북제, 산서 태원 광파 출토, 국가박물관

그림 8-6 | ① 입조인족통형기(立鳥人足筒形器), 서주, 산서 곡옥 북월촌 진후묘지 63호묘 출토, 산서성박물원, ② 사모무정(司母戊鼎), 상 후기[무정(武丁) 시기], 하남 안양 무관촌 북지(260호묘) 출토, 은허박물관, ③ 적인청동모(吊人靑銅矛), 전한, 운남 진녕 석채산 출토, 국가박물관, ④ 당호동정(当戶銅灯), 전한, 하북 보정 만성1호한묘(중산왕 유승묘) 출토, 하북박물관, ⑤ 녹유인물병촉대(綠釉人物柄燭臺), 후한, 출토지 미상, 섬서역사박물관, ⑥ 월인수문정(刖人守門鼎), 서주 중기, 섬서 보계 여가장 출토, 중국청동기박물관, ⑦ 쌍면인기좌(雙面人器座), 서주, 하남 낙양 임교거마갱 출토, 낙양박물관

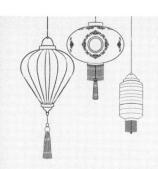

『鶡冠子』, 『舊唐書』, 『洛陽伽藍記』, 『論衡』, 『呂氏春秋』, 『列仙傳』, 『列子』, 『孟子』, 『文選』, 『白居易集校』, 『史記』, 『山海經』, 『三國志』, 『尙書』, 『宋書』, 『詩紀』, 『神仙傳』, 『新华通讯』, 『十洲記』, 『鹽鐵論』, 『禮記』, 『藝文類聚』, 『魏書』, 『資治通鑑』, 『莊子』, 『左傳』, 『楚辭』, 『通典』, 『抱朴子』, 『風俗通儀』, 『漢武內』, 『漢書』, 『荊楚歲時記』, 『淮南子』, 『後漢書』, 『성경』, 『중앙일보』

*

강우방, 2007, 『한국미술의 탄생』, 솔.

국립공주박물관, 2018, 『진묘수 고대 동아시아 무덤의 수호신』.

김호동, 2002, 『동방 기독교와 동서문명』, 까치.

박한제, 2015, 『대당제국과 그 유산』, 세창출판사.

_____, 2019, 『중국 중세 도성과 호한체제』, 서울대학교출판문화원.

신정훈, 2013, 『한국 고대의 서상과 정치』, 혜안.

이경하, 2019, 『바리공주/바리데기』, 서울대학교출판문화원.

이성구, 2001, 「中國古代의 鳥魚紋과 二元世界觀」, 『蔚山史學』 10.

이인숙, 1993, 『한국의 古代 유리』, 창문출판사.

임현수, 2017, 「상나라 수렵, 목축, 제사를 통해서 본 삶의 세계 구축과 신, 인간, 동물의 관계」, 『종교문화비평』 31.

전호태, 1990, 「고구려 고분벽화의 하늘연꽃」, 『美術資料』 46.

_____, 2000, 「고구려 고분벽화의 직녀도」, 『역사와 현실』 38.

_____, 2001, 「고구려 삼실총벽화 연구」, 『역사와 현실』 44.

_____, 2005, 『살아 있는 우리 역사, 문화유산의 세계』, 울산대학교출판부.

_____, 2007, 『중국 화상석과 고분벽화 연구』, 솔.

_____, 2009, 『화상석 속의 신화와 역사』, 소와당.

_____, 2015, 「고구려 진파리1호분 연구」, 『역사와 현실』 95.

_____, 2017, 「고구려인의 미의식과 고분벽화」, 『고구려발해연구』 59.

_____, 2019, 『황금의 시대 신라』, 풀빛.

정재서, 1995, 『不死의 신화와 사상-산해경·포박자·열선전·신선전에 대한 탐구』,
민음사.

_____, 2004, 『이야기 동양신화(중국편)』, 황금부엉이.

천진기, 2003, 『한국동물민속론』, 민속원.

＊

關炎君·蔣遠橋, 2007, 「吳西晉青瓷堆塑罐性質及鳥形象研究」, 『文博』 2007年5期.

谭维四, 2003, 『曾侯乙墓』, 三聯書店.

閃修山, 1985, 「南陽漢畫像石墓的門畵藝術」, 『中原文物』 1985年3期.

孫机, 2008, 『漢代物質文化資料圖說』(增订本), 上海古籍出版社.

尋婧元·朱順龍, 2010, 「吳晉時期堆塑罐功能探析」, 『東南文化』 2010年4期.

杨泓, 1976, 「中国古代的甲胄(下)」, 『考古學報』 1976年 2期.

杨泓, 1977, 「战车与车战——中国古代军事装备札记之一」, 『文物』 1977年 第5期.

왕런샹 지음, 주영하 옮김, 2010, 『중국음식문화사』, 민음사.

王龍, 2013, 「山東地區漢代博山爐研究」, 山東大 碩士學位論文.

王万岭, 2010, 『長恨歌考論』, 南京大學出版社.

李秀蓮, 2000, 『中國化粧史概說』, 中國紡織出版社.

中國社會科學院考古研究所·河北省文物管理處, 1980, 『滿城漢墓發掘報告』 1·2卷, 文物出版社.

黃永年, 1998, 『唐代史事考釋』, 聯經出版事業公司.

黃展岳 지음, 김용성 옮김, 2004, 『중국의 사람을 죽여 바친 제사와 순장』, 학연문화사.

*

鎌田茂雄, 1978, 『中國佛教史』(1985, 鄭舜日 譯), 民族社.

高山卓美, 2016, 「中國の蒸溜酒の歷史」, 『釀協』 111卷 4號.

吉村怜, 1999, 『天人誕生圖の研究』, 東方書店.

妹尾達彦著, 2001, 『長安の都市計画』, 講談社.

林巳奈夫, 1992, 『石に刻まれた世界-畫像石か語る古代中國の生活と思想』, 東方書店.

林巳奈夫, 1992, 『古代中國生活史』, 吉川弘文館.

이시다 미키노스케 지음, 이동철·박은희 옮김, 2004, 『장안의 봄』, 이산.

개빈 에번스 지음, 강미경 옮김, 2018, 『컬러 인문학』, 김영사.

마리아 김부타스 저, 고혜경 역, 2016, 『여신의 언어』, 한겨레출판.

마이클 로이 저, 이성규 역, 1986 『古代中國人의 生死觀』, 지식산업사.

엘리스 로버츠 지음, 김명주 옮김, 2019, 『세상을 바꾼 길들임의 역사』, 푸른숲.

아리엘 골란 지음, 정석배 옮김, 2004, 『선사시대가 남긴 세계의 모든 문양』, 푸른역사.

조지프 캠벨 지음, 구학서 옮김, 2016, 『여신들-여신은 어떻게 우리에게 잊혔는가』, 청아출판사.

제임스 C. 스콧 지음, 전경훈 옮김, 2019, 『농경의 배신』, 책과함께.

프레데릭 시몬스 지음, 김병화 옮김, 2005, 『이 고기는 먹지 마라?-육식 터부의 문화사』, 돌베개.

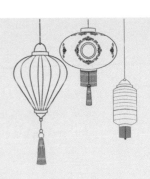

총서 𝄞 知의회랑 을 기획하며
arcade of knowledge

대학은 지식 생산의 보고입니다. 세상에 바로 쓰이지 않더라도 언젠가는 반드시 인류에 필요할 지식을 생산하고 축적하며 발전시키는 일을 끊임없이 해나갑니다. 오랫동안 대학에서 생산한 지식은 책이란 매체에 담겨 세상의 지성을 이끌어왔습니다. 그 책들은 콘텐츠를 저장하고 유통시키며 활용하게 만드는 매체의 차원을 넘어, 인간의 비판적 사유 능력과 풍부한 감수성을 자극하는 촉매의 역할을 충실히 해왔습니다.

이와 같은 '책을 읽는다'는 것은 단순히 지식과 정보를 습득하는 데 멈추지 않고, 시대와 현실을 응시하고 성찰하면서 다시 그 너머를 사유하고 상상함을 의미합니다. 그러므로 '세상의 밑그림'을 그리는 책무를 지닌 대학에서 책을 펴내는 것은 결코 가벼이 여겨선 안 될 일입니다.

이제 우리는 다양한 방식으로 존재하는 지식과 정보, 그리고 사유와 전망을 담은 책을 엮어 현존하는 삶의 질서와 가치를 새롭게 디자인하고자 합니다. 과거를 풍요롭게 재구성하고 미래를 창의적으로 기획하는 작업이 다채롭게 펼쳐질 것입니다.

대학의 심장부에 해당하는 도서관이 예부터 우주의 축소판이라 여겨져 왔듯이, 그곳에 체계적으로 배치된 다양한 책들이야말로 이른바 학문의 우주를 구성하는 성좌와 다름없습니다. 우리는 그 빛이 의미 없이 사그라들지 않기를, 여전히 어둡고 빈 서가를 차곡차곡 채워가기를 기대합니다.

앎을 쉽게 소비하는 시대를 살고 있지만, 다양한 앎을 되새김함으로써 학문의 회랑에서 거듭나는 지식의 필요성에 우리는 공감합니다. 정보의 홍수와 유행 속에서도 퇴색하지 않을 참된 지식이야말로 인간이 가야 할 길에 불을 밝혀줄 수 있기 때문입니다. 앞으로 대학이란 무엇을 하는 곳이며, 왜 세상에 남아 있어야 하는 곳인지 끊임없이 되물으며, 새로운 지의 총화를 위한 백년 사업을 시작하겠습니다.

총서 '知의회랑' 기획위원

안대회 · 김성돈 · 변혁 · 윤비 · 오제연 · 원병묵

지은이 전호태

서울대학교 국사학과와 대학원을 졸업하고 고구려 고분벽화 연구로 박사학위를 받았다. 국립중앙박물관 학예연구사를 거쳐 울산대학교 역사문화학과 교수로 재직하고 있다. 미국 캘리포니아대학(버클리) 동아시아연구소와 하버드대학 한국학연구소 방문교수, 울산광역시 문화재위원, 문화재청 문화재 전문위원, 한국암각화학회장, 울산대학교 박물관장 등을 역임했다. 암각화를 비롯한 한국 고대의 역사와 미술 그리고 문화를 활발히 연구해왔으며, 이를 바탕으로 동아시아 문화를 탐구하는 작업에 매진하고 있다. 저서로『고구려 고분벽화 연구』,『고구려 생활문화사 연구』,『고구려 고분벽화의 세계』,『화상석 속의 신화와 역사』,『울산 반구대암각화 연구』,『비밀의 문, 환문총』,『황금의 시대, 신라』,『무용총 수렵도』 등이 있다. 백상출판문화상 인문과학부문 저작상, 고구려발해학술상 등을 수상했다.

𝕞 **知의회랑**
arcade of knowledge
013

중국인의 오브제
답삿길에서 옛사람들의 눈과 마음을 읽는다

1판 1쇄 인쇄   2020년 8월 5일
1판 1쇄 발행   2020년 8월 10일

지 은 이   전호태
펴 낸 이   신동렬
책임편집   현상철
편   집   신철호 · 구남희
마 케 팅   박정수 · 김지현

펴 낸 곳   성균관대학교 출판부
등   록   1975년 5월 21일 제1975-9호
주   소   03063 서울특별시 종로구 성균관로 25-2
전   화   02)760-1253~4 팩스 02)762-7452
홈페이지   http://press.skku.edu

ISBN 979-11-5550-417-8   03910